ELIANA ALMEIDA e ANINHA ABREU

Vamos Trabalhar
CADERNO DE ATIVIDADES

CB037172

LÍNGUA PORTUGUESA • MATEMÁTICA • HISTÓRIA • GEOGRAFIA • CIÊNCIAS

NOME

PROFESSOR

ESCOLA

3º
ANO
ENSINO
FUNDAMENTAL

Editora
do Brasil

Dados Internacionais de Catalogação na Publicação (CIP)
(Câmara Brasileira do Livro, SP, Brasil)

Almeida, Eliana
   Vamos trabalhar : caderno de atividades, 3º ano : língua portuguesa, matemática, história, geografia, ciências / Eliana Almeida e Aninha Abreu. – São Paulo : Editora do Brasil, 2015.

   Bibliografia.
   ISBN 978-85-10-06060-8 (aluno)
   ISBN 978-85-10-06061-5 (professor)

   1. Ciências (Ensino fundamental) 2. Geografia (Ensino fundamental) 3. História (Ensino fundamental) 4. Língua portuguesa (Ensino fundamental) 5. Matemática (Ensino fundamental) I. Abreu, Aninha. II. Título.

15-06319   CDD-372.19

Índices para catálogo sistemático:
1. Ensino integrado : Livros-texto : Ensino fundamental 372.19

© Editora do Brasil S.A., 2015
Todos os direitos reservados

Direção-geral: Vicente Tortamano Avanso
Direção adjunta: Maria Lucia Kerr Cavalcante de Queiroz

Direção editorial: Cibele Mendes Curto Santos
Gerência editorial: Felipe Ramos Poletti
Supervisão editorial: Erika Caldin
Supervisão de arte, editoração e produção digital: Adelaide Carolina Cerutti
Supervisão de direitos autorais: Marilisa Bertolone Mendes
Supervisão de controle de processos editoriais: Marta Dias Portero
Supervisão de revisão: Dora Helena Feres
Consultoria de iconografia: Tempo Composto Col. de Dados Ltda.

Coordenação editorial: Carla Felix Lopes
Assistência editorial: Juliana Pavoni e Monika Kratzer
Auxílio editorial: Natália Santos
Coordenação de revisão: Otacilio Palareti
Copidesque: Ricardo Liberal
Revisão: Alexandra Resende, Ana Carla Ximenes, Elaine Fares e Maria Alice Gonçalves
Coordenação de iconografia: Léo Burgos
Pesquisa iconográfica: Karina Tengan
Coordenação de arte: Maria Aparecida Alves
Assistência de arte: Samira de Souza
Design gráfico: Samira de Souza
Capa: Andréa Melo
Imagem de capa: André Aguiar
Ilustrações: Alberto di Stefano, Alexandre Matos, André Aguiar, Bruna Ishihara, Conexão, DAE (Departamento de Arte e Editoração), Dawidson França, Flip Estúdio, Marcos Guilherme, Roberto Weigand, Simone Ziasch e Waldomiro Neto
Produção cartográfica: Alessandro Passos da Costa, Sonia Vaz e DAE (Departamento de Arte e Editoração)
Coordenação de editoração eletrônica: Abdonildo José de Lima Santos
Editoração eletrônica: Adriana Albano e Sérgio Rocha
Licenciamentos de textos: Cinthya Utiyama, Paula Harue Tozaki e Renata Garbellini
Coordenação de produção CPE: Leila P. Jungstedt
Controle de processos editoriais: Beatriz Villanueva, Bruna Alves, Carlos Nunes e Rafael Machado

1ª edição / 13ª impressão, 2024
Impresso na Melting Color

Avenida das Nações Unidas, 12901
Torre Oeste, 20º andar
São Paulo, SP – CEP: 04578-910
Fone: +55 11 3226-0211
www.editoradobrasil.com.br

APRESENTAÇÃO

Querido aluno,
Este poema foi feito especialmente para você.

Aprender

É bom brincar, correr, pular e sonhar.
Agora chegou a hora de
ler, escrever e contar.
Com o livro *Vamos trabalhar*,
descobertas você fará.
E muito longe chegará.

Língua Portuguesa, Matemática,
História, Geografia e Ciências.
Tudo isso você estudará.
Contas, frases, poemas, histórias e textos.
Muitas coisas para falar, guardar e lembrar.

Um abraço e bom estudo!
As autoras

AS AUTORAS

Eliana Almeida

- Licenciada em Artes Práticas
- Psicopedagoga clínica e institucional
- Especialista em Fonoaudiologia (área de concentração em Linguagem)
- Pós-graduada em Metodologia do Ensino da Língua Portuguesa e Literatura Brasileira
- Psicanalista clínica e terapeuta holística
- Master practitioner em Programação Neurolinguística
- Aplicadora do Programa de Enriquecimento Instrumental do professor Reuven Feuerstein
- Educadora e consultora pedagógica na rede particular de ensino
- Autora de vários livros didáticos

A meus amados pais, Elionário e Maria José; minhas filhas, Juliana e Fabiana;
meu filho, Fernando; meus netos, Raiana e Caio Antônio;
e meus generosos irmãos, todo o meu amor.
Eliana

Aninha Abreu

- Licenciada em Pedagogia
- Psicopedagoga clínica e institucional
- Especialista em Educação Infantil e Educação Especial
- Gestora de instituições educacionais do Ensino Fundamental e do Ensino Médio
- Educadora e consultora pedagógica na rede particular de ensino
- Autora de vários livros didáticos

Agradeço a Deus e a toda minha família pelo apoio, carinho e compreensão!
Aninha

"O essencial é invisível aos olhos."
(Antoine de Saint-Exupéry)

SUMÁRIO

Língua Portuguesa

Alfabeto

Vamos ler

O alfabeto

A caixa de letras.
Minha filha brinca.
Espalha-as na mesa,
compõe as palavras,
pessoas e coisas,
plantas e animais,
deslizam na mesa
consoantes, vogais.
A caixa de letras
de matéria plástica,
brancas, amarelas,
vermelhas e pretas.
Minha filha brinca,
os nomes desfaz,
faz os objetos,
as letras empilha,
no mundo alfabético,
consoantes, vogais.

Mauro Mota. In: Vera Aguiar et al. (Coord.).
Poesia fora da estante. 18. ed. Porto Alegre:
Projeto, 2010. p. 95.

Atividades

1 Responda às questões de acordo com o poema.

a) Qual é o título do poema?

_____

b) Quem é o autor?

_____

c) Qual é o assunto do poema?

_____

_____

2 Marque com um **X** a resposta correta.

a) A caixa é de:

☐ brinquedos.

☐ letras.

☐ pessoas.

b) Deslizam na mesa:

☐ plantas e animais.

☐ pessoas e coisas.

☐ consoantes e vogais.

c) A caixa de letras é:

☐ de borboleta.

☐ azul.

☐ de matéria plástica.

d) Quando a filha brinca, ela:

☐ empilha as letras.

☐ pinta o nome.

☐ pinta a caixa.

3 Complete o alfabeto maiúsculo com as letras que faltam.

A   B   ____   D   E   ____   G   ____   I   J

____   L   M   N   ____   P   Q   ____   S   T

U   V   ____   X   ____   Z

4 Escreva o alfabeto minúsculo.

_____

_____

_____

_____

5 Escreva as letras do alfabeto que vêm antes e depois das letras a seguir.

a) ____ c ____

b) ____ o ____

c) ____ f ____

d) ____ n ____

e) ____ h ____

f) ____ t ____

g) ____ i ____

h) ____ e ____

i) ____ k ____

j) ____ x ____

k) ____ m ____

l) ____ y ____

Ordem alfabética

O alfabeto da língua portuguesa é composto de 26 letras.
Ordem alfabética é o conjunto ordenado das letras do alfabeto.
Quando escrevemos, usamos letras e quando falamos, usamos sons.

Alfabeto minúsculo

a	a	b	b	c	c	d	d	e	e	f	f	g	g
h	h	i	i	j	j	k	k	l	l	m	m	n	n
o	o	p	p	q	q	r	r	s	s	t	t	u	u
v	v	w	w	x	x	y	y	z	z				

Alfabeto maiúsculo

A	A	B	B	C	C	D	D	E	E	F	F	G	G
H	H	I	I	J	J	K	K	L	L	M	M	N	N
O	O	P	P	Q	Q	R	R	S	S	T	T	U	U
V	V	W	W	X	X	Y	Y	Z	Z				

Atividades

1 Observe acima o alfabeto minúsculo e maiúsculo e circule de **verde** as vogais.

2 Agora, circule de **vermelho** as letras de seu nome e escreva-o a seguir.

_____

3 Responda às questões a seguir.

a) Quantas letras há no alfabeto da língua portuguesa?

_____

b) Como chamamos o conjunto ordenado das letras do alfabeto?

_____

c) Quantas letras diferentes você utiliza para escrever seu nome?

_____

4 Sopa de letras! Observe as letras que estão neste caldeirão e escreva-as em ordem alfabética.

5 Escreva dois nomes de pessoas com cada letra do alfabeto indicada a seguir.

a) A 8ª letra do alfabeto: _____.

b) A 16ª letra do alfabeto: _____.

c) A 26ª letra do alfabeto: _____.

Palavras com F e V

Vamos ler

Bichos de estimação exóticos

Feneco

O feneco, uma raposinha nativa do Deserto do Saara, é um dos animais silvestres mais procurados como bichos de estimação. É também um dos bichos selvagens mais fáceis de serem domesticados, pois criam laços com o ser humano. Acostumados à vida no deserto, acabam fazendo pouco xixi, e se adaptam facilmente às caixas de areia para gatos. Precisam de um espaço maior do que aquele dado aos ferrets, e gostam de ser deixados com brinquedos o dia todo. Eles pesam o mesmo que um cão da raça chihuaua e têm temperamento dócil.

Flickr Select/Getty Images

Disponível em: <www.guiadoscuriosos.com.br/categorias/2041/1/bichos-de-estimacao.html>. Acesso em: mar. 2015.

Atividades

1 Encontre no texto palavras com **f** e **v** e escreva-as no quadro.

F	V

2 Forme palavras com **f** e **v** usando as sílabas do quadro a seguir.

CA	VE	GO	NO	FO	VI	LA	TO	DA	VA	FI	OU	LO	FA	DO

_____   _____

_____   _____

_____   _____

_____   _____

3 Troque a letra **v** pela letra **f** e forme novas palavras. Veja o exemplo.

Vera – **f**era

a) vaca _____

b) varinha _____

c) veio _____

d) vila _____

e) voto _____

f) varra _____

g) viga _____

h) vala _____

GlobalP/iStockphoto.com

4 Complete as frases usando as palavras **Fera** e **Fevereiro**.

O nome do filme é "A Bela e a _____".

_____ é o segundo mês do ano.

Vamos brincar

5 Você sabe fazer um avião de papel? Pesquise em livros de dobradura ou na internet diferentes exemplos de aviões de papel e construa o seu. Depois, vá ao pátio da escola e brinque com os colegas.

Uso das letras maiúsculas e minúsculas

Vamos cantar

Vamos, Maruca

Vamos, Maruca, vamos,
Vamos pra Jundiaí.
Com todos você vai
Só comigo não quer ir.

Não vou, não vou,
Não vou, não quero ir,
Longe de minha gente
Você vai judiar de mim.

Carlos Felipe de Melo Marques Horta (Coord.). *Alegria, alegria: as mais belas canções de nossa infância.* Belo Horizonte: Leitura, 1999. p. 51.

Atividades

1 Copie da letra da música as palavras escritas com letras maiúsculas.

_____

_____

2 Agora, copie seis palavras escritas com letras minúsculas.

_____

_____

3 Na letra da música, há o nome de uma pessoa e de uma cidade. Copie-os a seguir.

_____   _____

4 Escreva o nome da cidade e do estado onde você mora.

_____

5 Leia as palavras de cada quadro e escreva-as em ordem alfabética.

a)

tesoura	abacate	homem
kiwi	panela	flor
cabelo	livro	ilha

_____

_____

_____

b)

Júlia	Alice	Raiana
Félix	Caio	Maria
Diana	Joana	Antônio

_____

_____

_____

6 Recorte de jornais e revistas seis nomes de pessoas ou objetos e cole-os a seguir em ordem alfabética.

M antes de P e B

Vamos ler

Samba

Samba, samba.
Pula, empina.
Embeleza, embola,
Encanta e empolga.

Samba, bamba
Embola, empilha.
Encanta, envolve
E até empena.

Eliana Almeida.

Usamos a letra **m** antes de **p** e **b** e no final de algumas palavras.

Atividades

1 Encontre no poema palavras com **mp** e **mb** e escreva-as no quadro.

mp	mb

2 Você sabe o que significa a palavra "empena"? Procure-a no dicionário e registre o significado dela.

_____

_____

3 Observe as imagens e complete o diagrama de palavras.

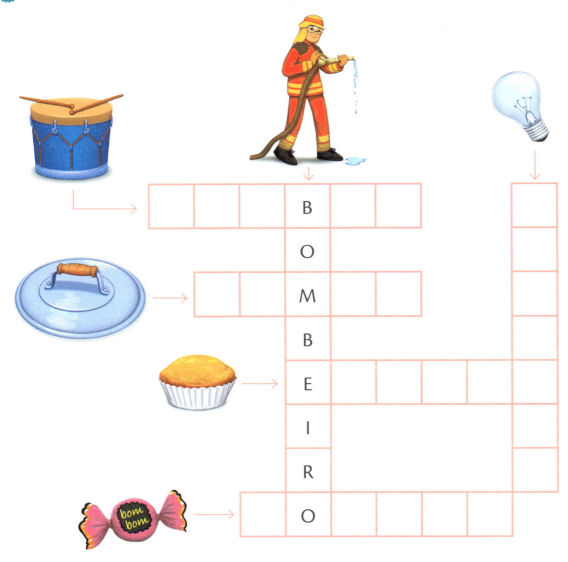

4 Leia as palavras do quadro e escreva-as em ordem alfabética.

vampiro	bomba	cambalhota
lâmpada	emprego	samba
cachimbo	umbigo	impressora

_____

_____

5 Troque a letra **p** pela letra **b** e forme novas palavras. Veja o exemplo.

picada – **b**icada

a) pode _____

b) pata _____

c) pote _____

d) pule _____

e) picado _____

f) pico _____

NOME: _____ DATA: _____

Encontro vocálico

Vamos cantar

O meu boi morreu

O meu boi morreu.
Que será de mim?
Manda buscar outro,
Oh, maninha, lá no Piauí.

O meu boi morreu.
Que será de mim?
Manda buscar outro,
Oh, maninha, lá no Piauí.

Cantiga.

Encontros vocálicos são duas ou mais vogais juntas na mesma palavra.

Atividades

1 Circule na letra da música as palavras que apresentam encontros vocálicos e escreva-as a seguir.

_____

_____

2 Complete as palavras com **ão**, **ou**, **ei** ou **au**.

a) r_____pa

b) cad_____ra

c) j_____la

d) m_____

e) mad_____ra

f) l_____co

g) fl_____ta

h) mam_____

i) Pi_____í

j) _____la

k) _____vido

l) coraç_____

3 Observe as imagens e escreva o nome delas.

a) _____

d) _____

g) _____

b) _____

e) _____

h) _____

c) _____

f) _____

i) _____

4 Copie, da atividade anterior, a única palavra que não apresenta encontro vocálico.

_____

5 Forme palavras usando os encontros vocálicos apresentados no quadro.

ei – ou – ãe – au – ão – oi – ua

_____

_____

6 Circule os encontros vocálicos nas palavras a seguir.

a) rio   d) poeta   g) couve   j) muito

b) rua   e) dia   h) lua   k) noite

c) saúde   f) museu   i) tia   l) peixe

Ditongo, tritongo e hiato

Vamos ler

A menina e as asas

Marcolina sabia muitas histórias.
Aquelas que mamãe contava
outras que lera nos livros
também as de sua imaginação.
[...]
"Por que tantas histórias iguais?"
quer saber Marcolina
imaginando a bicharada voar sem direção.
"Se todos tivessem asas, que seria do céu?"

Fernando Paixão. *Poesia a gente inventa*. 5. ed. São Paulo: Ática, 1999.

Atividades

1 Sublinhe no poema as palavras com encontros vocálicos.

> Observe o que ocorre com os encontros vocálicos na separação de sílabas das palavras a seguir:
>
> - m**ui**-tas – quando os dois sons vocálicos permanecem na mesma sílaba, temos um **ditongo**;
> - i-g**uai**s – quando há três sons vocálicos na mesma sílaba, temos um **tritongo**;
> - v**o-a**r – quando os dois sons vocálicos se separam, temos um **hiato**.

2 Leia novamente as palavras que você sublinhou no poema. Depois, escreva-as a seguir e classifique-as em ditongo, tritongo ou hiato.

_____

_____

3 Separe as sílabas das palavras e classifique-as de acordo com a legenda.

| **D** para ditongo | **T** para tritongo | **H** para hiato |

a) Paraguai _____ ☐

b) saúde _____ ☐

c) língua _____ ☐

d) viola _____ ☐

e) ameixa _____ ☐

f) saguão _____ ☐

g) álcool _____ ☐

Wesylle Santana

4 Encontre e pinte no diagrama o nome das imagens a seguir.

Q	D	V	U	K	L	U	A
O	P	E	I	X	E	K	M
N	G	T	W	S	D	Q	A
S	D	V	T	V	W	E	Y
B	H	U	M	I	E	X	Z
I	G	F	S	O	D	R	T
B	N	M	J	L	U	P	C
T	A	V	I	Ã	O	I	A
J	R	W	A	O	D	E	I
S	Z	W	Q	S	R	G	X
B	H	U	E	W	Y	K	A
Q	W	R	T	V	N	M	L
C	A	D	E	I	R	A	Ç

Palavras com D e T

Vamos ler

Se você fosse uma pedra, que tipo de pedra gostaria de ser?
Uma pedra bem grande lá no alto do morro?
Uma pedra pequena na beira da praia?
Uma pedra escondida no fundo do mar?
Pedra mole ou pedra dura?
Redonda ou pontuda?
Uma pedra brilhante, pedra preciosa...?
Uma pedra no caminho...?

Nye Ribeiro. *Jeito de ser*. 2. ed. São Paulo: Editora do Brasil, 2013. p. 10-11.

Atividades

1 Encontre no poema palavras com **d** e **t** e escreva-as no quadro.

D	T

2 Das palavras escritas na atividade anterior, qual delas apresenta a letra **d** e a letra **t** ao mesmo tempo? Escreva-a a seguir.

_____

3 Leia o poema novamente e responda.
- Se você pudesse se transformar em uma pedra, que tipo de pedra gostaria de ser?

_____

4 Complete as palavras com as consoantes **d** ou **t** e escreva-as.

a) pen ___ e   _____

b) ca ___ eira   _____

c) poma ___ a   _____

d) api ___ o   _____

e) coca ___ a   _____

f) ba ___ a ___ a   _____

g) sol ___ a ___ o   _____

h) boni ___ a   _____

i) ___ inossauro   _____

AkeSak/Shutterstock

5 Troque a letra **t** por **d** e forme novas palavras. Veja o exemplo.

tato – **d**ado

a) vento   _____

b) tia   _____

c) teto   _____

d) quatro   _____

e) tela   _____

f) nata   _____

g) corta   _____

Ivonne Wierink/Dreamstime.com

6 Desafio! Escreva dois nomes de pessoas com a letra **d** e dois com a letra **t**.

_____

Palavras com AL, EL, IL, OL e UL

Vamos ler

Arara I

Araras nos ares
asas no azul
araras nas claras
luzes do sol

aéreas araras
em carrossel

sombras das araras
em vertical

araras aos pares
alegres em bando

Arara
ararA

indo ou voltando

cores em coral
no céu voando.

Libério Neves. *Voa, palavra*. 3. ed. Belo Horizonte: Formato Editorial, 1995. p. 11.

Atividades

1 Circule no poema as palavras com **al**, **el**, **il**, **ol** ou **ul** e escreva-as a seguir.

_____

_____

2 Complete as palavras com **al**, **el**, **il**, **ol** ou **ul** e escreva-as separando as sílabas.

a) b_____ de

c) p_____ seira

e) s_____

b) _____ godão

d) pinc_____

f) fun_____

3 Complete as palavras com **l** ou **u**.

a) ca_____ le

d) so_____ dado

g) jorna_____

b) pape_____

e) caca_____

h) sa_____ dade

c) a_____ finete

f) a_____ ma

i) caraco_____

4 Ordene as sílabas e escreva as palavras formadas.

a) ce al fa _____

e) mei pal ra _____

b) zul a _____

f) ral va _____

c) co tal _____

g) bol fu te _____

d) el Da ni _____

h) fa al to be _____

5 Leia as palavras e coloque a letra **l** para formar novas palavras. Veja o exemplo.

ama – a**l**ma

a) cama _____

b) povo _____

c) taco _____

d) caça _____

Classificação de palavras quanto ao número de sílabas

Vamos ler

Minha cama

Um hipopótamo na banheira
Molha sempre a casa inteira.

A água cai e se espalha,
Molha o chão e a toalha.

E o hipopótamo: "Eu não ligo,
Estou lavando o umbigo!"

E lava e nunca sossega,
Esfrega, esfrega e esfrega

A orelha, o peito, o nariz,
As costas das mãos e diz:

Agora vou dormir na lama
Porque é lá a minha cama.

Sérgio Capparelli. *111 poemas para crianças*. 18. ed. Porto Alegre: L&PM, 2012. p. 87.

Agora, observe a quantidade de sílabas de algumas dessas palavras:

- chão – palavras com 1 sílaba são chamadas de **monossílabas**;
- mo-lha – palavras com 2 sílabas são chamadas de **dissílabas**;
- ba-nhei-ra – palavras com 3 sílabas são chamadas de **trissílabas**;
- hi-po-pó-ta-mo – palavras com 4 ou mais sílabas são chamadas de **polissílabas**.

Atividades

1 Circule no poema as palavras com **h**, **ch**, **lh** e **nh** e escreva-as a seguir separando as sílabas. Lembre-se de que, na separação de sílabas, essas letras ficam juntas.

_____

_____

2 Leia as palavras do quadro, separe as sílabas delas e classifique-as. Veja o exemplo.

Palavra	Divisão silábica	Classificação
bolha	bo-lha	dissílaba
vizinho		
chuva		
dinheiro		
chá		
holofote		
ramalhete		
hora		

3 Classifique as palavras de acordo com a legenda.

M	monossílaba
D	dissílaba
T	trissílaba
P	polissílaba

a) bicho ☐

b) gafanhoto ☐

c) chão ☐

d) ramalhete ☐

e) palhaço ☐

Monossílaba, dissílaba, trissílaba e polissílaba

Vamos ler

Minha mãe
Mandou bater
Neste daqui

Mas como
Eu sou
Teimosa

Vou bater
Neste daqui.

Parlenda.

Atividades

1 Copie da parlenda:

a) três palavras monossílabas;

_____

b) duas palavras dissílabas;

_____

c) uma palavra trissílaba.

_____

2 Há palavras polissílabas na parlenda? Marque um **X** na resposta correta.

a) ☐ Sim.   **b)** ☐ Não.

3 Escreva o nome das imagens e classifique-os de acordo com o número de sílabas.

a)

_____

_____

d)

_____

_____

g)

_____

_____

b)

_____

_____

e)

_____

_____

h)

_____

_____

c)

_____

_____

f)

_____

_____

i)

_____

_____

4 Classifique as palavras da frase a seguir quanto ao número de sílabas.

O rinoceronte branco corre risco de extinção.

a) monossílabas: _____

b) dissílabas: _____

c) trissílabas: _____

d) polissílabas: _____

Encontros consonantais: BL, CL, FL, GL, PL e TL

Vamos ler

Criança

De água e mato a vaca faz o leite
de flor e voo a abelha faz o mel
de milho e pena o galo faz o canto
de folha e terra a planta faz a flor.

Uma criança, com seu corpo e alma,
se faz de amor, amor, amor, amor...

Renata Pallottini. *Café com leite*. São Paulo: Quinteto Editorial, 1988. p. 13.

> Os encontros consonantais **bl**, **cl**, **fl**, **gl**, **pl** e **tl** permanecem juntos na separação de sílabas.

Atividades

1 Circule no poema as palavras com **bl**, **cl**, **fl**, **gl**, **pl** e **tl** e escreva-as a seguir.

_____

2 Escreva no quadrinho o encontro consonantal presente nas palavras a seguir.

a) bloco ☐

b) bicicleta ☐

c) Glória ☐

d) atleta ☐

e) plano ☐

f) tecla ☐

g) clube ☐

h) floresta ☐

3 Escreva o nome de cada imagem e circule o encontro consonantal presente nele.

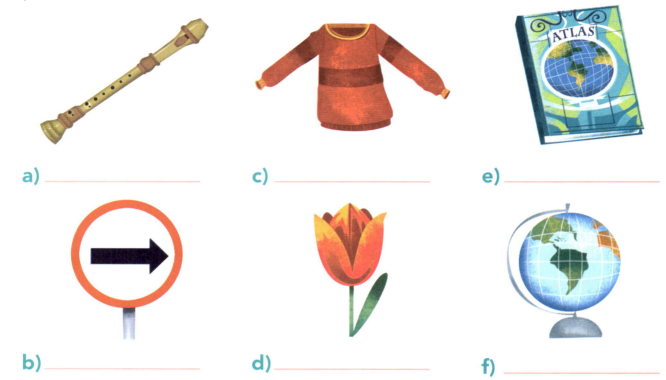

a) _____

c) _____

e) _____

b) _____

d) _____

f) _____

4 Complete as palavras com **cla** ou **pla** e escreva-as.

a) _____ neta

_____

c) _____ rim

_____

e) _____ taforma

_____

b) _____ ve

_____

d) _____ tina

_____

f) _____ nejar

_____

5 Leia as palavras e coloque a letra **l** para formar novas palavras. Veja o exemplo.

fecha – flecha

a) paca _____

b) caro _____

c) caridade _____

d) puma _____

e) foco _____

f) pano _____

g) cama _____

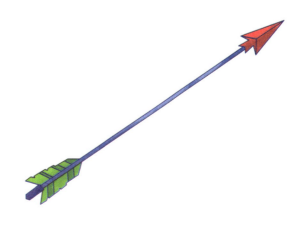

Encontros consonantais: BR, CR, DR, FR, GR, PR, TR e VR

Vamos cantar

Criança não trabalha

Lápis, caderno, chiclete, peão
Sol, bicicleta, *skate*, calção
Esconderijo, avião, correria,
Tambor, gritaria, jardim, confusão

Bola, pelúcia, merenda, *crayon*
Banho de rio, banho de mar,
Pula sela, bombom
Tanque de areia, gnomo, sereia,
Pirata, baleia, manteiga no pão

Giz, *merthiolate*, *band aid*, sabão
Tênis, cadarço, almofada, colchão
Quebra-cabeça, boneca, peteca,
Botão, pega-pega, papel, papelão

Criança não trabalha
Criança dá trabalho
Criança não trabalha

Paulo Tatit e Arnaldo Antunes. CD *Palavra cantada apresenta: Canções curiosas*. Gravadora MCD. Faixa 3.

Os encontros consonantais **br, cr, dr, fr, gr, pr, tr** e **vr** permanecem juntos na separação de sílabas.

Atividades

1 Circule na letra da música as palavras com **br, cr, dr, fr, gr, pr, tr** ou **vr** e escreva-as a seguir.

2 Escreva o nome das imagens a seguir. Depois, encontre e pinte no diagrama as palavras que você escreveu.

D	D	V	U	K	C	U	E
C	M	L	I	V	R	O	S
R	P	E	I	X	A	K	T
O	G	T	W	S	V	Q	R
C	J	K	O	U	O	G	E
O	D	V	P	V	W	E	L
D	H	U	R	I	E	X	A
I	G	F	A	O	D	R	T
L	N	M	T	R	E	M	C
O	A	V	O	Ã	O	I	A
J	R	W	A	O	D	E	I
S	Z	W	Q	S	R	G	X
B	H	F	R	A	N	G	O
Q	W	R	T	V	N	M	L
C	A	C	O	B	R	A	Ç

3 Separe as sílabas destas palavras e classifique-as de acordo com a legenda.

M monossílaba   **D** dissílaba   **T** trissílaba   **P** polissílaba

a) trigo _____

b) madrugada _____

c) cruz _____

d) palavra _____

e) brisa _____

Volosina/Shutterstock

Dígrafo

Vamos ler

Um anjinho

Um anjinho distraído
tropeça na nuvem,
esbarra no sol
e queima o dedinho.
Um anjinho distraído
esquece as asinhas,
despenca do céu
e ainda por cima
cai trombando
nos passarinhos.

Wania Amarante. *Arco-íris*. Belo Horizonte: Miguilim, 1998. p. 13.

Encontro consonantal é a sequência, em uma palavra, de duas ou mais consoantes que representam sons distintos. Exemplo: dis**tr**aído.
Dígrafo é a sequência, em uma palavra, de duas letras que representam apenas um som (fonema). Exemplo: anji**nh**o.
Outros exemplos de dígrafos: **ch, lh, nh, gu, qu, rr, ss, sc, sç, xc**.

Atividades

1 Volte ao poema e circule de **vermelho** todas as palavras com encontro consonantal.

2 Agora, circule de **verde** todas as palavras com os dígrafos.

3 Escreva os dígrafos destas palavras.

a) jarro _____   h) pássaro _____

b) telhado _____   i) chuchu _____

c) nascer _____   j) descer _____

d) galinha _____   k) folha _____

e) exceção _____   l) professor _____

f) queijo _____   m) português _____

g) preguiça _____   n) nasça _____

4 Circule nas frases as palavras com encontro consonantal.

a) Escrevi uma carta de despedida para Pedro.

b) Este atlas é da biblioteca da escola.

c) Nós cultivamos flores do campo.

d) Maria pegou friagem e ficou gripada.

5 Leia as palavras e coloque a letra **r** para formar novas palavras. Veja o exemplo.

fio – f**r**io

a) pego _____   d) tinta _____

b) banco _____   e) faca _____

c) tem _____   f) pato _____

6 Recorte de jornais e revistas duas palavras com dígrafos. Depois, cole-as no quadro a seguir.

Os dígrafos SS e RR

Vamos ler

Cheiro de mato

Tião ordenha Florisbela,
A vaca gorda e amarela,
Caneca de lata,
leite e açúcar.
Bolacha de nata,
pão de sal.
Cheiro molhado mato adentro,
pé ante pé na trilha de terra,
meninos colhem marmelos graúdos,
Meninas pintam de amoras as saias.
Bem-te-vi avisa que viu,
Sanhaço sai de mansinho,
Saíra vem espiar.
Aqui o tempo passa tão lento,
Que para tudo dá tempo.

Regina Rennó. *Cheiro de mato*. São Paulo: Editora do Brasil, 2010. p. 6-10.

Observe estes dígrafos:

- passa – **ss** – 2 letras, 1 som
- terra – **rr** – 2 letras, 1 som

Lembre-se de que não começamos palavras com **ss** nem com **rr**. Esses dígrafos aparecem sempre entre vogais.

Atividades

1 Circule no poema as palavras com os dígrafos **rr** e **ss** e escreva-as a seguir.

2 Complete a tabela a seguir de acordo com o exemplo.

Palavra	Dígrafo	Separação silábica	Número de sílabas
passageiro	ss	pas-sa-gei-ro	polissílaba
galinha			
morro			
chuva			
fogueira			
nascimento			
galho			
quinze			
excelente			
cresça			

3 Escreva o nome das imagens a seguir, circule os dígrafos e separe as sílabas. Veja o exemplo.

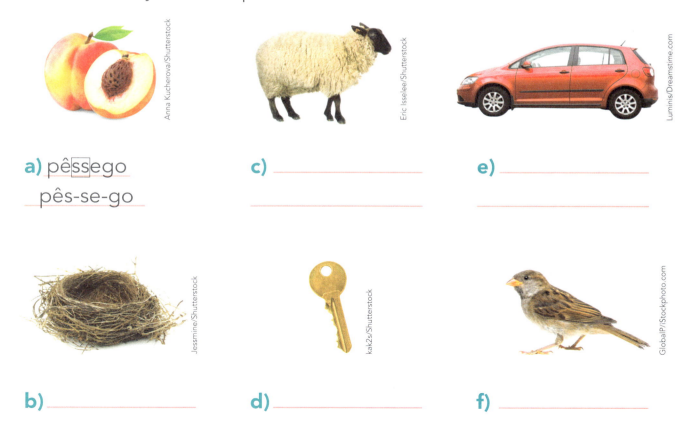

Anna Kucherova/Shutterstock

Eric Isselee/Shutterstock

Luminis/Dreamstime.com

Jessmine/Shutterstock

kak2s/Shutterstock

GlobalP/iStockphoto.com

a) pêssego

pês-se-go

c) _____

e) _____

b) _____

d) _____

f) _____

Os dígrafos GU e QU

Vamos ler

A viuvinha

Você, senhora viúva,
Diga com quem quer casar:
Se é com o filho do conde,
Se é com o seu general.

Eu não quero estes homens
Porque não pertencem a mim.
Eu sou uma pobre viúva,
Ninguém tem pena de mim.

Sou uma viuvinha que veio de Belém,
Eu quero me casar e não acho com quem.
Então casa comigo, que te quero bem,
Então casa comigo, que te quero bem.

Cantiga típica portuguesa.
Carlos Felipe de Melo Marques Horta (Coord.). *Alegria, alegria: as mais belas canções de nossa infância*. Belo Horizonte: Leitura, 1999. p. 87.

Observe estes dígrafos:

■ nin**gu**ém – **gu** – 2 letras, 1 som
■ **qu**ero – **qu** – 2 letras, 1 som

Mas atenção: **gu** e **qu** representam dígrafos somente quando são seguidos das vogais **e** e **i** e quando a letra **u** não corresponde a nenhum fonema. Veja mais exemplos: fo**gu**ete, es**qu**isito, **gu**itarra, a**qu**ele.

Atividades

1 Circule no poema as palavras com os dígrafos **gu** e **qu** e escreva-as a seguir.

2 Observe as letras destacadas nas palavras a seguir e classifique-as de acordo com a legenda.

EC encontro consonantal   **D** dígrafo

a) **bl**usa ☐   k) te**lh**ado ☐   u) ma**ss**a ☐

b) ex**c**eção ☐   l) mari**nh**eiro ☐   v) **qu**eda ☐

c) **ch**inelo ☐   m) ex**c**eção ☐   w) na**sç**a ☐

d) pe**dr**a ☐   n) so**nh**o ☐   x) pa**ss**o ☐

e) mu**lh**er ☐   o) sa**lg**ado ☐   y) cre**sc**er ☐

f) te**rr**a ☐   p) pa**ss**ado ☐   z) a**tl**eta ☐

g) po**rt**a ☐   q) **fl**or ☐

h) **qu**ibe ☐   r) a**sc**ender ☐

i) de**sç**a ☐   s) fo**gu**eira ☐

j) ri**tm**o ☐   t) **pl**aneta ☐

3 Separe as sílabas das palavras copiando-as na coluna correta da tabela.

preguiça   quiabo   pêssego   piscina
banheiro   professor   nascer   missa
carroça   espelho   coqueiro   chuteira

Dígrafo na mesma sílaba	Dígrafos em sílabas separadas

Sílaba tônica

Vamos ler

[...]

O sol brilhava bem forte. O dia estava quente e a sementinha começou a ficar com sede.

De repente, começaram a cair do céu algumas gotas de água bem fresquinha.

— Quem são vocês? De onde vêm? — perguntou a sementinha.

— Daqui de cima — falou a Mãe Nuvem. — Desçam, gotinhas de chuva. Vão molhar a terra, as sementinhas... para que ninguém mais tenha sede.

— Que delícia — falou a sementinha, bebendo a água da chuva. — Obrigada, Mãe Nuvem. Obrigada, gotinhas de chuva.

[...]

Nye Ribeiro. *Uma viagem com muitas mães*. São Paulo: Editora do Brasil, 2004. p. 12.

Sílaba tônica é a sílaba pronunciada com mais força na palavra. Observe:

á sílaba forte
gua sílaba fraca

vo sílaba fraca
cês sílaba forte

Atividades

1 As palavras a seguir foram retiradas do texto. Em cada uma delas, pinte a sílaba pronunciada com mais força.

a)

| nu | vem |

b)

| go | ta |

c)

| se | men | ti | nha |

2 Escreva a sílaba tônica destas outras palavras retiradas do texto.

a) forte

b) água

c) quente

d) vocês

e) chuva

f) terra

g) molhar

h) ninguém

3 Escreva o nome das figuras. Depois, reescreva-os separando as sílabas e circule a sílaba tônica.

a) _____

_____

d) _____

_____

g) _____

_____

b) _____

_____

e) _____

_____

h) _____

_____

c) _____

_____

f) _____

_____

i) _____

_____

Posição da sílaba tônica

Vamos ler

A pena e o camelo

[...]

Fazemos um pequeno comentário, uma brincadeira, e eis que a pessoa chora ou se revolta.

Uma lenda do deserto conta a história de um homem que ia mudar-se de oásis, e começou a carregar seu camelo. Colocou os tapetes, os utensílios de cozinha, os baús de roupas... E o camelo aguentava tudo. Quando ia saindo, lembrou-se de uma linda pena azul que seu pai lhe tinha presenteado. Resolveu pegá-la, e a colocou em cima do camelo. Nesse momento, o animal arriou com o peso e morreu.

"Meu camelo não aguentou o peso de uma pena" – deve ter pensado o homem. Muitas vezes pensamos o mesmo do nosso próximo, sem entender que nossa brincadeira pode ter sido a gota que transbordou a taça do sofrimento.

Paulo Coelho e Mauricio de Sousa. *O gênio e as rosas e outros contos.* 2. ed. São Paulo: Globo, 2010. p. 44.

A sílaba tônica pode estar em diferentes posições na palavra. Observe:
- a-ni-**mal** – a última sílaba é a mais forte;
- ca**me**lo – a penúltima sílaba é a mais forte;
- **pró**ximo – a antepenúltima sílaba é a mais forte.

Atividades

1 Circule no conto:
   a) ⬛ duas palavras em que a sílaba tônica seja a última;
   b) ⬛ três palavras em que a sílaba tônica seja a penúltima;
   c) ⬛ uma palavra em que a sílaba tônica seja a antepenúltima.

2 Escreva a sílaba tônica das palavras a seguir e assinale sua posição na palavra.

Palavras	Sílaba tônica	Última	Penúltima	Antepenúltima
mágico				
peteca				
jacaré				
coração				
índio				
xícara				

3 Escreva outras palavras de acordo com a posição da sílaba tônica indicada pelos exemplos a seguir.

so**fá**   te**sou**ra   hipo**pó**tamo

_____   _____   _____

_____   _____   _____

_____   _____   _____

_____   _____   _____

4 Circule a sílaba tônica das palavras a seguir e indique a posição delas. Veja o exemplo.

ca**fé** – última

a) balão _____   **e)** lâmpada _____
b) livro _____   **f)** menina _____
c) sábado _____   **g)** mamãe _____
d) cavalo _____   **h)** árvore _____

Acentuação

Vamos ler

Coisas esquisitas

Eu vi a barata
na careca do vovô.
Assim que ela me viu,
bateu asas e voou.

Eu vi a abelha
no nariz da vovó.
A abelha olhou, olhou,
não picou, pois teve dó.

Eu vi a cobra
perto do pé da titia.
A cobra via, mas a tia
não via a cobra, e ria, ria.

Eu vi um jacaré
deitado na rede.
O bocão não me mordeu
porque era quadro de parede.

Elias José. *Lua no brejo com novas trovas*. Porto Alegre: Projeto, 2007. p. 12.

O **acento agudo** (´) indica o som aberto das vogais, enquanto o **acento circunflexo** (^) indica o som fechado. Já o **til** (~) indica o som nasal das vogais **a** e **o**.

Atividades

1 Circule no poema todas as palavras acentuadas e escreva-as a seguir.

_____

_____

2 Observe cada imagem, encontre no quadro a palavra correspondente a ela e escreva-a.

> maio   bebe   domino
> maiô   bebê   dominó

a) _____   b) _____   c) _____

> circulo   medico   camelo
> círculo   médico   camelô

a) _____   b) _____   c) _____

3 Use os sinais ´ , ^ ou ~ para acentuar as palavras. Depois, escreva-as separando as sílabas.

a) relogio _____

b) caixao _____

c) relampago _____

d) chapeu _____

e) tres _____

f) jamelao _____

g) magico _____

h) maça _____

i) multidao _____

j) tenis _____

nbriam/Shutterstock

Brian A. Jackson/Shutterstock

Substantivos
Vamos ler

Bento estava todo feliz com seu novo celular quando o telefone tocou. Era o amigo do apartamento de cima convidando-o para brincar no parquinho do prédio.

Quase aceitou o convite, mas precisava descobrir as funções do novo celular. Ele era tão bacana!

Um pouco depois, ouviu a campainha. Era o amigo do apartamento ao lado. Ele e seu gato.

– Pipoca e eu estamos enjoados de ficar em casa. Vamos brincar lá embaixo?

– Preciso alimentar Oto, meu bichinho virtual – Bento recusou o convite.

Pipoca e seu dono ficaram desapontados. Mas num minuto desceram pela escada pulando e miando em direção ao parquinho. [...]

Telma Guimarães Castro Andrade. *Amigos de verdade*. São Paulo: Editora do Brasil, 2010. p. 2-5.

Substantivo é a palavra que indica o nome de pessoas, lugares, animais, objetos, elementos da natureza e sentimentos.

Atividade

1 Retire do texto as palavras pedidas a seguir.

a) Um nome de pessoa.

_____

b) Dois nomes de objetos.

_____

c) Um nome de sentimento.

_____

Substantivos próprios e comuns

O **substantivo próprio** dá nome a seres e coisas de forma particular, diferenciada do restante da espécie. É escrito com letra maiúscula.

O **substantivo comum** dá nome a seres e coisas da mesma espécie. É escrito com letra minúscula, a não ser que esteja no início de uma frase.

Atividades

1 Escreva os substantivos a seguir na coluna adequada.

macaco	Ana	telefone	Bahia
mesa	boca	amor	São Paulo
Brasília	carro	Zélia	Fernanda

Substantivo próprio	Substantivo comum

2 Escreva substantivos comuns de acordo com as indicações da tabela. Veja o exemplo.

Animal	Fruta	Objeto
leão	banana	cadeira

Substantivo coletivo

Vamos ler

A abelhinha

A abelhinha na **colmeia**
Está contente, feliz.
Ela canta bem baixinho:
– zum... zum... zum...
zum... zum... zum... zum...

Que gostoso é o melado
Que ela faz na panelinha
E ligeira vai cantando:
– zum... zum... zum...
zum... zum... zum... zum...

Vai mexendo, vai mexendo,
Com sua colher de pau
E baixinho vai zumbindo:
– zum... zum... zum...
zum... zum... zum... zum...

Maria de Lourdes e Scoralick Serretti. *Poesias para crianças*. 2. ed.
Belo Horizonte: Comunicação, 1980. p. 20.

> O substantivo usado para denominar um conjunto de seres da mesma
> espécie é chamado de **coletivo**.

Atividades

1 Responda às questões a seguir.

a) Qual é o nome do animal citado no poema?

_____

b) Qual é a palavra em destaque no poema que indica o coletivo de abelhas?

_____

2 Relacione a primeira coluna com a segunda.

a) tribo
b) classe
c) alfabeto
d) ramalhete
e) cacho
f) banda
g) time
h) boiada
i) elenco
j) cardume

☐ uvas
☐ flores
☐ músicos
☐ peixes
☐ jogadores
☐ bois
☐ artistas
☐ alunos
☐ índios
☐ letras

Tischenko Irina/Shutterstock

3 Escreva se o substantivo é **próprio**, **comum** ou **coletivo**.

a) José _____
b) bicicleta _____
c) manada _____
d) navio _____
e) Ceará _____
f) porco _____
g) colmeia _____
h) mar _____

i) livro _____
j) frota _____
k) cama _____
l) flor _____
m) Ana _____
n) dente _____
o) esquadra _____
p) Amazonas _____

4 Leia a frase a seguir e depois faça um desenho de acordo com o substantivo coletivo em destaque.

Enxame é uma palavra no singular que indica um conjunto de abelhas.

Frases afirmativas e negativas

Vamos ler

Fui no itororó

Fui no itororó beber
água e não achei.
Achei bela morena
que no itororó deixei.

Aproveite, minha gente,
que uma noite não é nada.
Se não dormir agora,
Dormirá de madrugada.

Oh! Mariazinha!
Oh! Mariazinha!
Entre nesta roda
ou ficarás sozinha!

– Sozinha, eu não fico
nem hei de ficar,
porque eu tenho o Paulinho
para ser meu par.

Cantiga.

Frases afirmativas declaram informações **afirmativas**.
Frases negativas declaram **negações**.
Ambas terminam com ponto final.

Atividades

1 Copie da cantiga uma frase afirmativa e uma negativa.

Afirmativa: _____

Negativa: _____

2 Ordene as palavras e forme frases.

a) circo   O   palhaço.   tem

_____

b) chocolate.   O   é   bolo   de

_____

c) choveu   Não   hoje.

_____

3 Reescreva as frases na forma negativa.

a) João gostou do filme de suspense.

_____

b) Minha escola é nova.

_____

c) O sol brilha no céu após a tempestade.

_____

4 Observe a imagem e escreva duas frases afirmativas e duas frases negativas sobre ela.

Super Prin/Shutterstock

_____

_____

_____

_____

Frases exclamativas e interrogativas

Vamos ler

Ziraldo. *Curta o Menino Maluquinho... em histórias rapidinhas.* São Paulo: Globo, 2006. p. 56.

Frases exclamativas exteriorizam um estado emocional. Demonstram alegria, tristeza, medo, espanto. Terminam com ponto de exclamação (**!**).
Frases interrogativas exprimem uma pergunta. São usadas quando é preciso obter uma informação. Terminam com ponto de interrogação (**?**) quando são perguntas diretas.

Atividades

1 Copie da história em quadrinhos uma frase exclamativa e uma frase interrogativa.

_____

_____

_____

_____

2 Classifique as frases em **exclamativa** ou **interrogativa**.

a) Quanta neve na calçada! _____

b) Você quer jogar _video game_ comigo? _____

c) Que linda esta casa de boneca! _____

d) Quantas flores perfumadas! _____

e) Por que o gato está miando? _____

f) Quem foi ao cinema com Mariana? _____

3 Transforme as frases **afirmativas** em **exclamativas**. Use as palavras **que** e **como**.

a) O palhaço é engraçado.

_____

b) Este menino é guloso.

_____

c) Meu país é grande.

_____

d) O dia está frio.

_____

e) A menina está feliz.

_____

f) Meu anel de formatura é bonito.

_____

Revisando os tipos de frase

Vamos ler

Ziraldo. *Curta o Menino Maluquinho... em histórias rapidinhas.* São Paulo: Globo, 2006. p. 54.

Atividades

1 Sublinhe de **vermelho**, na história em quadrinhos, uma frase exclamativa. Depois, sublinhe de **verde** uma frase interrogativa.

2 Pontue as frases usando **?** ou **!** .

a) Quer dançar esta valsa comigo ☐

b) Nossa, que lindo vestido de cetim ☐

c) Que bolo de cenoura gostoso ☐

d) Quem vai tomar a vacina da gripe ☐

e) Alguém já foi ao *shopping* novo ☐

f) Adoro o carnaval de rua ☐

g) Nossa, quantas pessoas na praia ☐

h) Qual é sua fruta favorita ☐

3 Classifique as frases em **afirmativa**, **negativa**, **exclamativa** ou **interrogativa**.

a) Não temos mais sardinhas para vender. _____

b) Andreia precisa chegar cedo ao trabalho. _____

c) Parabéns, você ganhou o jogo! _____

d) Você quer brincar no parquinho comigo? _____

e) Que susto você me deu! _____

f) Qual é o tamanho desta piscina? _____

g) Boa ideia! _____

h) Qual é a cor de seu carro? _____

i) Tomás terminou a lição de casa de Ciências. _____

j) Os alunos não hastearam a bandeira hoje. _____

4 Escreva frases usando:

a) ponto final;

_____

b) ponto de exclamação;

_____

c) ponto de interrogação.

_____

Sons da letra R

Vamos ler

Peixe-serra

Serra, serra, peixe-serra,
quantos peixes já serrou?

Serra mero e a sardinha,
serra mais sua vizinha...
Serra coral, alga marinha,
serra até Maria Farinha.

Serra, serra, peixe-serra,
quantos peixes já serrou?

Segue nessa ladainha
com a serra ligeirinha...
Serra peixe, serra espinha,
serra a concha e a tainha...

Serra, serra, peixe-serra,
quantos peixes já serrou?
Uma dúzia? Dúzia e meia?
Mas só sabe quem contou...

Serra, serra, peixe-serra,
quantos peixes já serrou?

José de Castro. *Poemares*. Belo Horizonte: Dimensão, 2007. p. 38.

A letra **r** no início das palavras tem sempre um som forte, mas, quando está entre vogais, o **r** tem sempre um som fraco.
Para que o **r** que aparece entre vogais mantenha o som forte, ele precisa ser dobrado, assim: **rr**.

Atividades

1 Copie do poema as palavras que correspondem às indicações a seguir.

a) Letra **r** com som **forte**: _____

b) Letra **r** com som **fraco**: _____

_____

2 Observe as imagens e escreva o nome delas na tabela de acordo com o som da letra **r**.

R com som forte	R com som fraco

Cedilha

Vamos ler

O ganso sem a gansa

O ganso, se não vê
a gansa, perde a graça,
nega a raça, risca e traça,
perde a classe, perde a fama,
faz arruaça, fica rouco e torto
e, sem esperança, arranca e
ele avança
ele avança
Pra que tanto alvoroço, moço?
A dona gansa, cheia de orgulho,
muito leve, bela e mansa,
só foi dar um mergulho.
[...]

Elias José. *Cadê o bicho, cadê?* São Paulo: Planeta, 2012. p. 24.

Usamos o sinal **cedilha** (˛) embaixo da letra **c** antes das vogais **a**, **o** e **u**
para que fique com o som de **s**.
Nunca usamos cedilha antes de **e** e **i** ou no início de palavras.

Atividades

1 Circule no poema as palavras com **ç** e escreva-as a seguir.

_____

_____

2 Em cada coluna, marque com um **X** a palavra em que a letra destacada não representa o mesmo som das demais.

gan**s**o	ris**c**a	alvoro**ç**o
rou**c**o	man**s**a	avan**ç**a
mo**ç**o	tra**ç**a	gan**s**a
cla**ss**e	ra**ç**a	arran**c**a

3 Escreva na coluna correspondente os substantivos a seguir.

onça	osso	almoço	sacola
açúcar	missão	cansado	ganso
cabeça	confissão	passado	excursão
apressado	paçoca	sapato	

Palavras com Ç	Palavras com S	Palavras com SS

4 Coloque a cedilha para formar novas palavras. Veja o exemplo.

co**c**ar – co**ç**ar

a) tranca _____

b) roca _____

c) troco _____

d) peca _____

e) forca _____

f) coco _____

Palavras com CE e CI

Vamos ler

[...]

A onça estava ficando maluca e tonta de tanto girar atrás do próprio rabo.

O amigo macaco vinha passando, e a onça contou que o rabo dela não a obedecia mais. Pediu ao macaco que lhe desse uns tapas para que seu rabo voltasse a obedecer. O macaco bateu tanto na onça que até hoje ela está correndo. [...]

Rosinha. *O cágado e a fruta*. São Paulo: Editora do Brasil, 2014. p. 27.

Atividades

1 Circule no texto as palavras com **ce** e **ci** e escreva-as a seguir.

_____

2 Complete as palavras com **ce** ou **ci**.

a) _____ nema

b) do _____

c) _____ noura

d) mor _____ go

e) te _____ do

f) _____ bola

g) bi _____ cleta

h) _____ gonha

i) a _____ dente

j) _____ dade

k) va _____ na

l) ca _____ que

3 Forme palavras com **ce** e **ci** e escreva-as.

ce — go _____
ce — dilha _____
ce — ia _____
ce — lular _____

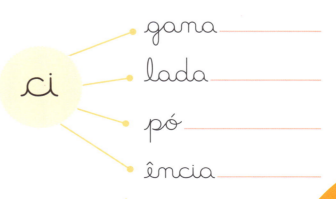

ci — gama _____
ci — lada _____
ci — pó _____
ci — ência _____

4 Complete as palavras com **c** ou **ç** e escreva-as separando as sílabas.

a) cabe____a _____

b) la____o _____

c) cora____ão _____

d) palha____o _____

e) re____ibo _____

f) anoite____er _____

Max Topchii/Shutterstock

5 Observe as imagens e forme frases.

a)

_____
_____
_____
_____
_____

b)

_____
_____
_____
_____
_____

c)

_____
_____
_____
_____

NOME: _____ DATA: _____

Palavras com AR, ER, IR, OR e UR

Vamos ler

Companheiros inseparáveis

Meu pensamento,
não corras tanto,
pois fico cansado
de te acompanhar.
Fica quieto, por favor,
que minha sombra,
sempre comigo,
quer descansar.

Sonia Miranda. *Pra boi dormir*. 7. ed. Rio de Janeiro: Record, 2007. p. 56.

Atividades

1 Circule no poema palavras com **ar**, **er**, **ir**, **or** e **ur** e escreva-as a seguir.

_____

2 Agora, separe as sílabas das palavras da atividade anterior.

a) _____   d) _____

b) _____   e) _____

c) _____   f) _____

3 Complete as palavras com **ar**, **er**, **ir**, **or** ou **ur** e escreva-as.

a) f____miga   _____   e) colh____   _____

b) ____na   _____   f) c____neiro   _____

c) b____boleta   _____   g) c____va   _____

d) f____ma   _____   h) ____gola   _____

4 Observe as imagens e escreva o nome delas.

a) _____

c) _____

e) _____

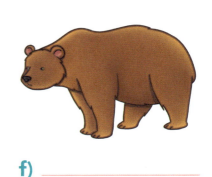

b) _____

d) _____

f) _____

5 Coloque a letra **r** para formar novas palavras. Veja o exemplo.

copo – co**r**po

a) fada _____

b) baba _____

c) pato _____

d) lava _____

e) pena _____

f) dado _____

g) ama _____

h) cota _____

6 Separe as sílabas das palavras a seguir.

a) comer _____

b) passear _____

c) surdo _____

d) arco _____

e) garfo _____

f) torcida _____

g) subir _____

h) cartilha _____

i) árvore _____

j) mar _____

k) sair _____

l) liberdade _____

m) mulher _____

n) dor _____

Sinais de pontuação: vírgula

Vamos ler

Briga

Piparote, peteleco,
um coque, um teco, um tostão.
Puxão de orelha, bicada,
tapa, soco, murro, unhada,
pé-d'ouvido, beliscão.
Tabefe, catiripapo,
traulitada, safanão.

Briga. Ciça. *Travatrovas*. Rio de Janeiro: Nova Fronteira, 1993. p. 10.
© Ciça Alves Pinto. Publicado mediante autorização.

> **,** A vírgula indica uma pequena pausa no texto. É usada também para separar elementos em uma enumeração.

Atividades

1 Circule as vírgulas que aparecem no trava-língua. Depois, registre a seguir quantas vírgulas você encontrou.

_____

2 Coloque as vírgulas na letra da música a seguir. Depois, reescreva-a no caderno sem se esquecer da pontuação.

Eu sou pobre _____ pobre _____ pobre
De marré _____ marré _____ marré
Eu sou rica _____ rica _____ rica
De marré de si.

Cantiga.

3 Desafio! Leia a parlenda e coloque a vírgula nos locais em que julgar necessário. Depois, confira com o professor se você acertou.

A acrobata

Pra tomar banho
Na cascata
Helena a barata
Deu uma de acrobata.
Driblou a rata
Atravessando a sucata.
Passou pela pata
Por debaixo da lata
E fugiu da gata
No meio da gravata.
Mas acabou sendo pisada
Pelo vira-lata
Na caça da gata chata...

Regina Siguemoto. *Que enrosco!* São Paulo: Edições Paulinas, 1989. p. 13.

Usamos a vírgula para separar a cidade da data em cartas e cabeçalhos.
Veja o exemplo:
São Paulo, 21 de outubro de 2016.

4 Reescreva as datas colocando a vírgula.

a) Salvador 28 de agosto de 1985.

_____

b) Rio de Janeiro 30 de novembro de 2013.

_____

c) Recife 25 de dezembro de 2000.

_____

d) São Paulo 11 de fevereiro de 2020.

_____

Palavras com GUE, GUI, QUE e QUI

Vamos ler

Se tem bicho **fofoqueiro**
é o tal do bem-te-vi!
Bem no alto do **sabugueiro**
vai contando tudo assim:
– Bem-te-vi!
– Bem-te-vi!
Toma conta da floresta,
não escapam nem as frestas.
Se viu mesmo **ninguém** sabe,
e ele jura que é verdade:
– Bem-te-vi!
– Bem-te-vi!
Cala a boca, **candongueiro**,
e se não calar ligeiro
corro aí na capoeira
e conto pra sua mãe.
Bem **que** eu te vi
roubando uva na parreira!

Wania Amarante. *Cobras e lagartos*. São Paulo: FTD, 2011. p. 17.

Atividades

1 Copie as palavras que estão em destaque do texto.

_____

_____

2 Marque com um **X** as palavras que não fazem parte de cada grupo.

a) foguete – guerra – quibe – gelo

b) caqui – preguiça – figo – sangue

c) quis – mangue – manga – queijo

3 Complete as palavras com **gue**, **gui**, **que** ou **qui** e escreva-as.

a) es＿＿＿lo

＿＿＿＿＿＿＿＿＿

b) par＿＿＿

＿＿＿＿＿＿＿＿＿

c) je＿＿＿

＿＿＿＿＿＿＿＿＿

d) má＿＿＿na

＿＿＿＿＿＿＿＿＿

e) le＿＿＿

＿＿＿＿＿＿＿＿＿

f) fo＿＿＿te

＿＿＿＿＿＿＿＿＿

g) ＿＿＿abo

＿＿＿＿＿＿＿＿＿

h) ＿＿＿lhotina

＿＿＿＿＿＿＿＿＿

i) ＿＿＿tarra

＿＿＿＿＿＿＿＿＿

j) brin＿＿＿do

＿＿＿＿＿＿＿＿＿

k) ra＿＿＿te

＿＿＿＿＿＿＿＿＿

l) caran＿＿＿jo

＿＿＿＿＿＿＿＿＿

4 Usando as letras, relacione as frases às cenas.

A   O caranguejo vive no manguezal.

B   Guilherme foi ao parque com seus tios.

C   Miguel toca guitarra na banda do colégio.

D   A fogueira está queimando.

Palavras com AZ, EZ, IZ, OZ e UZ

Vamos ler

A minha botina nova

A minha botina nova
Faz inhec-inhec quando eu ando.

Meu pai diz que ela rechina,
Deve ter vindo da China.

Mamãe diz: é de Pequim,
Por isso rechina assim.

Range? Rechina? Tanto faz,
Tanto fez, se for em chinês.

Sérgio Capparelli. *Tigres no quintal*. São Paulo: Global, 2008. p. 55.

Atividades

1 Circule no poema as palavras com **az**, **ez**, **iz**, **oz** e **uz** e escreva-as a seguir.

_____

2 Forme palavras com as sílabas a seguir e escreva-as.

AR	LIZ	NA	LOZ	CHA	PUZ	ROZ	FA	CA	FE	RIZ	VE

a) _____   c) _____   e) _____

b) _____   d) _____   f) _____

3 Complete as palavras com **az**, **ez**, **iz**, **oz** ou **uz** e escreva-as.

a) ju_____   d) atr_____   g) cap_____

_____   _____   _____

b) fer_____   e) cart_____   h) xadr_____

_____   _____   _____

c) cusc_____   f) prod_____   i) fer_____

_____   _____   _____

4 Escreva na coluna correspondente os substantivos a seguir.

fez	quis	freguês	mês	tênis	giz
veloz	vez	gás	pôs	através	mais
cruz	paz	rapaz	capaz	atrás	feliz

Palavras com S	Palavras com Z

5 Sublinhe na frase as palavras escritas com **z** no final de sílaba.

A criança fez uma cruz no chão com o giz.

Sinais de pontuação: dois-pontos e travessão

Vamos ler

Heitor era um menino que trazia sempre no bolso folhas de papel e uma caneta azul.

Quando passeava pela rua, voltando da escola, ia anotando palavras dos luminosos de propaganda, cartazes e placas.

Depois assinava a folha, embaixo, trocando a letra H pela letra L.

Formava, assim, LEITOR.

Seus amigos perguntavam:

— Para que isso, Heitor?

Ele sorria e dizia:

— Sou pirata de palavras!

Ele imaginava criar uma grande história, colecionando palavras como quem guarda selos.

[...]

Jussara Braga. *Pirata de palavras*. São Paulo: Editora do Brasil, 2006. p. 2, 3, 5.

: Os dois-pontos são usados para indicar uma enumeração ou anunciar a fala de personagens em textos escritos.

_ O travessão é usado para separar elementos da frase ou indicar o momento da fala de personagens em textos escritos (diálogos).

Atividades

1 Copie do texto a primeira frase que anuncia uma fala.

_____

2 Agora, copie a primeira fala que aparece no texto.

_____

3 Leia a fábula a seguir e use os sinais de pontuação : e – adequadamente.

A raposa e o leão

Fingindo-se enfermo, o leão passou a receber visitas de outros animais, os quais entravam na cova e o leão os comia um a um.

Por fim, chegou à porta da cova a raposa, que desconfiada, de longe lhe perguntou ▢

▢ E então, Senhor Leão, como você está?

O leão respondeu-lhe ▢

▢ Dona Raposa, por que não entra para me visitar?

Mas a raposa respondeu-lhe ▢

▢ Me parece que a sua casa está cheia, já que vi muitas pegadas de animais entrando e nenhuma de algum que tenha saído. Por isso, vou indo!

Moral da história: Quem olhar para as pegadas dos que o tiverem precedido evitará repetir os mesmos erros.

Fábula de Esopo.

4 Ligue o nome ao sinal de pontuação que corresponde a ele.

a) interrogação

b) travessão

c) dois-pontos

d) exclamação

e) ponto final

f) vírgula

.

,

!

?

:

–

Artigos

Vamos ler

Resultado da feira

A professora pergunta:

– Se eu comer 2 peras, 6 bananas, 10 laranjas e 1 melancia, qual será **o** resultado?

Do fundo da sala, **um** aluno grita:

– **Uma** dor de barriga!

Piada.

> **Artigo** é a palavra que vem antes do substantivo e determina seu gênero e número.
>
> Os artigos se classificam em definidos e indefinidos.
>
> **Artigo definido**: determina o substantivo de maneira precisa. São eles: **o, a, os, as**.
>
> **Artigo indefinido**: determina os substantivos de maneira mais genérica. São eles: **um, uns, uma, umas**.

Atividades

1 Copie da piada os artigos em destaque.

_____

2 Escreva o nome das imagens a seguir precedido por um artigo definido.

a)

b)

c)

_____   _____   _____

3 Leia a parlenda a seguir. Depois, circule os artigos e escreva-os seguidos dos substantivos. Veja o exemplo.

Uma pulga na balança
Deu um pulo foi à França
Os cavalos a correr
Os meninos a brincar
Vamos ver quem vai pegar

Parlenda.

a) Uma pulga

b) _____

c) _____

d) _____

4 Observe os artigos a seguir e escreva **AD** para artigo definido e **AI** para artigo indefinido.

a) as uvas _____

b) uns livros _____

c) o Sol _____

d) um carro _____

e) a terra _____

f) uma luz _____

g) os cavalos _____

h) umas frutas _____

i) os alunos _____

j) o rio _____

k) os trens _____

l) uns copos _____

m) uma cobra _____

n) a chave _____

5 Complete as frases com um artigo definido ou indefinido.

a) Para cada dia da semana, a princesa usou _____ vestido novo.

b) _____ professor André deu aula de Matemática para nossa turma.

c) Já coloquei _____ nomes em _____ lista de convidados.

d) _____ mãe de Lorena comprou _____ carro vermelho.

Gênero do substantivo

Vamos ler

Essa não

Uma anta de minissaia
e de patins, nas dunas da praia
uma anta que bebe café
de braços dados com o jacaré,
é bacana, não é?

O burro do seu Alaor
sonhando que é professor
de todos nós, e, coitado,
com uma mula casado,
ah, é pra lá de engraçado!

Um elefante na praça da Matriz
tirando um arco-íris do nariz,
um elefante que repete em alemão
o noticiário da televisão,
ah, essa também não!

Um hipopótamo de pijama
que lê, deitado na cama,
e que, muito cansado, grita
"eu quero batata frita!"
você acredita?

Um gato verde que não mia
e que só come ambrosia,
um gato que fica na cumeeira
da casa, dançando na beira,
ah, me diz, é besteira?

Sérgio Capparelli. In: Vera Aguiar
(Coord.). *Poesia fora da estante*. 18. ed.
Porto Alegre: Projeto, 2010. p. 91.

Na língua portuguesa os substantivos podem ser classificados em dois gêneros: **masculino** e **feminino**. Observe:

- o jacaré – substantivo masculino;
- uma anta – substantivo feminino.

Um substantivo é **masculino** quando podemos colocar **o, os, um** ou **uns** antes dele. Um substantivo é **feminino** quando podemos colocar **a, as, uma** ou **umas** antes dele.

Atividades

1 Copie do poema todos os nomes de animais indicando se são substantivos masculinos ou femininos.

_____

_____

2 Leia as palavras e classifique-as de acordo com a legenda.

SF substantivo feminino   **SM** substantivo masculino

a) professor ☐   **g)** mulher ☐

b) boi ☐   **h)** pato ☐

c) mãe ☐   **i)** aluna ☐

d) prima ☐   **j)** peixe ☐

e) filho ☐   **k)** tio ☐

f) rei ☐   **l)** amigo ☐

> Alguns substantivos apresentam formas diferentes para o masculino e o feminino. Exemplos: carneiro – ovelha; cavalo – égua.

3 Escreva o feminino das palavras a seguir empregando os artigos adequadamente.

a) o rei _____   **f)** um vovô _____

b) o galo _____   **g)** um papai _____

c) o aluno _____   **h)** um ator _____

d) o homem _____   **i)** um bisavô _____

e) o cantor _____   **j)** um médico _____

4 Passe a frase para o masculino.

- A diretora abraçou a menina.

_____

Palavras com GE, GI, JE e JI

Vamos ler

Sr. Medo

– Mãe, existe lobo em pé?

– O que é lobo em pé, Clara?

– É o lobo que pega a **gente**. Aquele que comeu a vovó da Chapeuzinho Vermelho.

– Clarinha, esse lobo que comeu a vovó é um lobo inventado, assim como a vovó e a menininha que vestia o chapeuzinho vermelho. Um autor, de que até **hoje** ninguém sabe o nome, inventou essa história e as **personagens** para divertir as crianças.

– Lobo de verdade é um animal muito bonito. Ele vive nas florestas e montanhas e não está acostumado a viver perto das pessoas, aliás, dizem que ele tem muito medo do homem. Os seus primos, os cachorros, esses sim podem viver pertinho de nós. Muitas vezes eles são tão fiéis aos seus donos, que são chamados de grandes amigos dos homens.

Regina Rennó. *Sr. Medo*. São Paulo: Editora do Brasil, 2005. p. 3-5.

Atividades

1 Copie da narrativa as palavras em destaque.

_____

Observe as letras destacadas nas palavras ho**je** e **ge**nte.
Elas têm o mesmo som, porém são escritas com letras diferentes.

2 Circule na frase a seguir as palavras escritas com **g** representando o som de **j**.

O jovem Gildo bebeu água com gelo em uma tigela grande.

3 Escreva o nome das imagens a seguir. Depois, encontre e pinte no diagrama as palavras que você escreveu.

_____

_____

_____

I	W	G	E	L	O	H	L	B
N	C	V	G	B	K	J	O	E
J	V	J	I	B	O	I	A	R
E	B	G	R	J	K	P	L	I
Ç	S	F	A	U	G	E	R	N
Ã	U	V	S	N	M	V	D	J
O	S	F	S	G	U	K	L	E
X	V	N	O	S	A	E	Q	L
I	R	E	L	Ó	G	I	O	A
J	K	I	M	H	J	Y	T	R
H	F	W	A	Q	S	C	G	B
G	E	L	A	D	E	I	R	A

_____

_____

_____

_____

4 Complete as palavras com **ge**, **gi**, **je** ou **ji**.

a) ti_____la

b) acara_____

c) _____rafa

d) _____ma

e) man_____ricão

f) _____gante

g) _____nipapo

h) _____leia

i) má_____co

j) ho_____

k) reli_____ão

l) _____lete

Número do substantivo

Vamos ler

O trem dos ratinhos

O trem dos ratinhos
Sai bem de manhã.

Em fios
De linha
Caminhos
De lã.

Espigas
De milho
E balangandãs.

E entram
Na escola
Sabor hortelã.

Piuiiiiiiiii!
Piuiiiiiiiii!

Sérgio Capparelli. *111 poemas para crianças*. 18. ed. Porto Alegre: L&PM, 2012. p. 41.

Os substantivos também são classificados quanto ao número. Observe:

- o/um rato – representa um elemento – substantivo **singular**;
- os/uns ratos – representa mais de um elemento – substantivo **plural**.

Atividades

1 Circule no poema os substantivos no plural e sublinhe os substantivos no singular. Depois, escreva-os a seguir.

a) Substantivos no singular: _____

_____

b) Substantivos no plural: _____

_____

2 Passe para o plural as palavras a seguir.

a) uva _____   g) corrente _____

b) escola _____   h) banana _____

c) vestido _____   i) copo _____

d) cama _____   j) casa _____

e) noite _____   k) cavalo _____

f) pente _____   l) cabelo _____

3 Use os artigos **o**, **os**, **a** ou **as** adequadamente.

a) _____ elefante   j) _____ árvore

b) _____ prato   k) _____ palhaço

c) _____ meninas   l) _____ vassouras

d) _____ espetáculo   m) _____ rua

e) _____ flores   n) _____ irmãs

f) _____ maçã   o) _____ alunos

g) _____ janela   p) _____ amigos

h) _____ pés   q) _____ pessoas

i) _____ bailarina   r) _____ refeições

4 Complete as frases com os artigos **um**, **uns**, **uma** ou **umas**.

a) Juliana comeu _____ romã.

b) Papai comprou _____ laranjas e _____ pêssegos.

c) Peguei _____ trem e _____ avião para chegar a Minas Gerais.

d) Ganhei _____ aquário e _____ peixinhos.

e) Miguel tem _____ carro e _____ motocicleta.

f) Fui à feira e comprei _____ mamão papaia.

g) Fabiana sonha com _____ casinha de boneca.

h) Gabriel pediu _____ patinete de presente de Natal.

i) Natália vendeu _____ pares de brincos e _____ pulseiras de ouro.

j) Trabalho em _____ escola rural.

NOME: _____ DATA: _____

Palavras com AS, ES, IS, OS e US

Vamos ler

[...]

— Olha vô, o instrumento que eu construí na escola. Peguei uma lata vazia e estiquei na abertura um pedaço de borracha, tirado de uma bola de soprar dessas que enfeitam os aniversários. Prendi tudo com um elástico e ficou um tambor bem diferente.

— E vai ficar ainda mais bonito se você fizer uma decoração africana, usando tintas e papéis coloridos, não acha?

Gostei da sugestão. Depois de pronto, adivinha onde foi parar meu criativo tambor?

Isso mesmo, com os instrumentos africanos do vovô, no baú, onde nossas lembranças e histórias permanecem cada vez mais vivas.

Mércia Maria Leitão e Neide Duarte. *Formas e cores da África*. São Paulo: Editora do Brasil, 2014. p. 33.

Atividades

1 Circule no poema as palavras com **as**, **es**, **is**, **os** e **us** e escreva-as a seguir.

_____

_____

2 Separe as sílabas das palavras a seguir.

a) esperto _____   **e)** esquilo _____

b) olhos _____   **f)** dentes _____

c) finos _____   **g)** assim _____

d) estilo _____   **h)** intranquilos _____

3 Observe as imagens e complete o diagrama de palavras.

4 Complete as palavras com **as**, **es**, **is**, **os** ou **us**.

a) _____cova

b) rev_____ta

c) b_____coito

d) c_____tela

e) ócul_____

f) _____no

g) _____tro

h) v_____tido

i) _____queiro

j) m_____ca

k) _____tojo

l) _____quilo

5 Coloque a letra **s** para formar novas palavras. Veja o exemplo.

pato – pa**s**to

a) capa _____

b) caco _____

c) pata _____

d) gato _____

e) pote _____

f) rico _____

Um pouco mais sobre número do substantivo

Vamos ler

Os povos indígenas que vivem no Brasil apresentam semelhanças, mas também são muito diferentes entre si.

Suas festas, jogos e brincadeiras, suas formas de ensinar e aprender, tudo isso pode variar muito. Existem diferentes mitos, rituais, pinturas, objetos, músicas e cantos!

Além disso, os povos indígenas constroem casas de diversos jeitos e moram em regiões com paisagens muito diferentes. A alimentação de cada grupo também varia muito, alguns grupos só comem peixe, outros caçam vários tipos de animais, outros ainda criam gado e galinhas para comer. [...]

Disponível em: <http://pibmirim.socioambiental.org/como-vivem>.
Acesso em: abr. 2015.

Atividades

1 Copie do texto cinco substantivos que estejam no plural.

_____

_____

Alguns substantivos formam o plural de maneira diferente.
Veja os exemplos:

- mar – mares
- balão – balões
- pudim – pudins
- pastel – pastéis

2 Passe para o plural as palavras a seguir.

a) amor _____

b) rapaz _____

c) anel _____

d) jardim _____

e) capim _____

f) farol _____

g) feroz _____

h) mulher _____

3 Ligue as palavras às terminações no plural e depois as escreva.

a) grão

b) irmão

c) alemão

ões

d) melão

e) avião

ães

f) cão

g) limão

h) mão

ãos

i) capitão

4 Complete as frases com as palavras do quadro.

irmãos – melões – aviões – pães – piões

a) Os _____ brincam com _____ e _____ de brinquedo.

b) O alemão foi à vendinha e comprou _____ e _____ .

5 Rescreva as frases passando para o plural as palavras em destaque.

a) Ontem eu estourei **um balão**.

_____

b) Gosto muito de comer **pastel**.

_____

c) Lavei **a mão** com sabonete perfumado.

_____

d) Guardei **o pudim** na geladeira.

_____

e) Comprei **uma pulseira** no *shopping*.

_____

Revisando os substantivos com Ã/ÃS, ÃO/ÕES, ÃO/ÃOS, ÃO/ÃES

Vamos ler

Mãe

De patins, de bicicleta,
De carro, moto, **avião**
Nas asas da borboleta
E nos olhos do **gavião**

De barco e de *skate*
A cavalo num **trovão**
Nas cores do arco-íris
No rugido de um **leão**

Na graça de um golfinho
E no germinar do **grão**
Teu nome eu trago, **mãe**,
Na palma da minha **mão**.

Sérgio Capparelli. *Tigres no quintal*. São Paulo: Global, 2008. p. 50.

Atividades

1 Observe as palavras destacadas no poema e copie-as passando para o plural.

_____

_____

2 Escreva as palavras no plural separando as sílabas.

a) excursão _____   e) caminhão _____

b) romã _____   f) avelã _____

c) cidadão _____   g) gavião _____

d) cristão _____   h) chão

3 Observe as imagens e complete o nome delas. Depois, escreva cada um deles no plural.

a) camale _____

_____

c) maç _____

_____

e) le _____

_____

b) tubar _____

_____

d) m _____

_____

f) pi _____

_____

4 Encontre e pinte no diagrama as palavras a seguir.

requeijão

ímã

galpões

irmãos

nação

pães

canções

órfã

capitães

trovões

R	E	Q	U	E	I	J	Ã	O	R	R
W	E	T	T	Y	U	P	S	M	A	Í
T	G	A	L	P	Õ	E	S	E	T	M
N	S	C	E	P	C	Y	W	M	U	Ã
A	Y	P	E	I	R	M	Ã	O	S	T
Ç	R	Ã	A	P	C	B	U	B	X	A
Ã	E	E	U	C	A	N	Ç	Õ	E	S
O	Y	S	R	X	Ç	K	J	H	Ç	M
E	W	U	S	P	H	X	Ó	R	F	Ã
C	A	P	I	T	Ã	E	S	B	W	T
T	R	A	C	T	E	E	Y	A	R	P
E	R	U	T	R	O	V	Õ	E	S	W

Palavras com S e SS

Vamos ler

Telefone sem fio

O telefone sem fio
Pra funcionar direito
Numa roda de pessoas
Quanto mais gente é perfeito
Pra ficar bem engraçado
Começa assim desse jeito:

Um, secretamente, inventa
Uma frase ou uma história
Conta no ouvido do próximo
Que guarda em sua memória
Passando ao que está de lado
Nesta mesma trajetória

Chega à última pessoa
Que revela o que ouviu
O resultado é engraçado
Tudo trocado, já viu?
Fica muito diferente
Da história que partiu

Abdias Campos. *Cordel infantil – Brincadeiras populares*. 3. ed. Recife: Folhetaria Campos de Versos, 2012. p. 2.

> O **ss** é usado somente entre vogais.
> Na separação de sílabas, cada **s** fica em uma sílaba.

Atividades

1 Circule no cordel as palavras com **ss** e escreva-as a seguir.

_____

_____

2 Complete as palavras com **s** ou **ss** e escreva-as separando as sílabas.

a) ma_____a _____

b) pen_____o _____

c) to_____e _____

d) cur_____o _____

e) pê_____ego _____

f) man_____o _____

g) pa_____ado _____

h) bol_____a _____

i) cla_____e _____

j) pul_____o _____

k) a_____ado _____

l) fal_____o _____

3 Observe as cenas e escreva uma frase para cada uma delas.

a)

c)

b)

d)

a) _____

_____

b) _____

_____

c) _____

_____

d) _____

_____

Palavras com GUA, GUO, QUA e QUO

Vamos ler

Helena e Maria ganharam cofrinhos no Dia das Crianças.

— Economizar e guardar são palavras quase mágicas! — disse a madrinha das gêmeas. — Tem quem goste de gastar... E tem sempre alguém que economiza. O importante é ter equilíbrio.

"Tem tanta coisa que eu gostaria de comprar! Minha lista é tão comprida que nem cabe na minha cabeça", Helena ficou pensando...

"Não vejo a hora de colocar moedas nele!", Maria imaginou logo uma família de cofres-porquinhos.

Telma Guimarães Castro Andrade. *A economia de Maria.*
São Paulo: Editora do Brasil, 2010. p. 2-3.

Atividades

1 Circule no poema as palavras com **gua**, **guo**, **qua** e **quo**.

2 Ordene as sílabas e forme palavras.

tro	da	gua	ná	dra	qua	ra	dri	guar	lha	á	ti	che	do

_____

_____

_____

3 Observe as imagens e escreva o nome delas. Depois, reescreva cada um deles separando as sílabas.

a) _____

_____

c) _____

_____

e) _____

_____

b) _____

_____

d) _____

_____

f) _____

_____

4 Complete as palavras com **gua**, **guo**, **qua** ou **quo** e escreva-as.

a) a_____rio _____

b) _____raná _____

c) á_____ _____

d) _____lidade _____

e) _____rtel _____

f) lín_____ _____

g) _____ciente _____

h) lin_____gem _____

i) _____rita _____

j) _____ti _____

5 Escolha duas palavras do quadro e forme uma frase com cada uma.

> Paraguai – quadra – água – quota

a) _____

_____

b) _____

_____

Palavras com H

Vamos ler

O agá

O H está pensativo:
– Hum...
O H está distraído:
– Hã?
O H imita Papai Noel:
– Ho, Ho, Ho!
O H está surpreso:
– OH!
O H está feliz:
— AH!
O H quer assustar:
– Há!
O H acha engraçado:
– Hi, Hi, Hi!
O H sente dor:
– UH!
O H está com medo:
– IH...
e sai de cena na hora H.

Mário Goulart. In: Ronald Claver (Org.). *Rumo à estação Poesia*. Belo Horizonte: Dimensão, 2001. p. 44.

A letra **h** no começo de palavras não apresenta som.

Atividades

1 Circule no poema as falas da letra **h**. Depois, copie apenas as que apresentam ponto de exclamação.

_____

_____

2 Complete as palavras com **h** ou **H** e escreva-as.

a) _____ugo _____

b) _____otel _____

c) _____enrique _____

d) _____ora _____

e) _____elena _____

f) _____omem _____

3 Complete as palavras com **ha**, **he**, **hi**, **ho** ou **hu** e escreva-as separando as sílabas.

a) _____licóptero _____

b) _____mano _____

c) _____giene _____

d) _____mbúrguer _____

e) _____ra _____

f) _____stória _____

g) _____rói _____

h) _____bitação _____

i) _____popótamo _____

4 Leia os quadrinhos, circule as expressões com a letra **h** e copie-as.

_____

Grau do substantivo

Vamos ler

Xadrez

É branca a gata gatinha
é branca como a farinha.

É preto o gato gatão
é preto como o carvão.

E os filhos, gatos gatinhos,
são todos aos quadradinhos.

Os quadradinhos branquinhos
fazem lembrar mãe gatinha
que é branca como a farinha.
Os quadradinhos pretinhos
fazem lembrar pai gatão
que é preto como o carvão.
[...]

Sidónio Muralha. *A televisão da bicharada*. 12. ed. São Paulo: Global, 2003. p. 8.

O **grau do substantivo** indica a variação de **tamanho** do ser.
O **grau aumentativo** indica um aumento de tamanho e o **grau diminutivo** indica uma diminuição de tamanho. Observe:

Eric Isselee/Shutterstock

gato   gatinho   gatão

Atividades

1 Com o lápis **verde**, circule no poema os substantivos no diminutivo e, com o **vermelho**, os substantivos no aumentativo.

2 Complete o quadro de acordo com o grau do substantivo indicado.

Grau normal	Grau diminutivo	Grau aumentativo
caderno		
	sapinho	
		fogão
carro		
formiga		formigão
		copázio
livro		
		muralha

3 Observe as imagens e escreva o diminutivo e o aumentativo correspondentes a cada uma delas.

a)

b)

c)

Um pouco mais sobre o grau do substantivo

Vamos ler

Cuidado, porquinho

Porquinho, porco, porcão
por que vive focinhando
com o focinho no chão?

Come casca de laranja
come resto de comida
rói o sabugo de milho
vai só enchendo a barriga.

Porquinho, porco, porcão
vai ficando tão redondo
que lhe passam um facão.

Maria Célia Bueno. *Misturando versos*. Belo Horizonte: Vigília, 1986. p. 6.

Atividades

1 Responda de acordo com o poema.

a) Qual é a palavra que termina em **inho** e não está no diminutivo?

_____

b) Quais são as palavras que terminam em **ão** e não estão no aumentativo?

_____

2 Pinte as palavras que não estão no aumentativo nem no diminutivo.

carinho	leãozinho	adivinha	educação
botão	vasinho	florzinha	coelhão

3 Complete as frases com o diminutivo dos substantivos destacados.

a) **Pai** pequeno é _____.

b) **Anel** pequeno é _____.

c) **Cidade** pequena é _____.

d) **Filho** pequeno é _____.

e) **Irmão** pequeno é _____.

f) **Homem** pequeno é _____.

g) **Cabeça** pequena é _____.

h) **Manga** pequena é _____.

4 Relacione as palavras da primeira coluna com as da segunda coluna de acordo com o aumentativo delas.

a) muro ⬜ bocarra

b) chapéu ⬜ chinelão

c) boca ⬜ homenzarrão

d) nariz ⬜ muralha

e) homem ⬜ chapelão

f) chinelo ⬜ barcaça

g) barco ⬜ narigão

5 Separe as sílabas das palavras a seguir.

a) bichinho _____

b) bichão _____

c) garrafinha _____

d) garrafão _____

e) carrinho _____

f) carrão _____

S com som de Z

Vamos ler

Alegria

Fico contente quando vejo gente na minha casa.

Fico contente quando vejo doce na minha mesa.

Fico contente quando vejo riso no meu vizinho, quando vejo a rosa no jardinzinho, quando vejo arroz esparramado para os passarinhos.

Fico contente quando vejo a lua na minha rua.

Renata Pallottini. *Café com Leite*. São Paulo: Quinteto Editorial, 1988. p. 4.

Quando a letra **s** aparece sozinha entre vogais, ela tem som de **z**.

Atividades

1 Copie do poema as palavras escritas com a letra **s** com som de **z**.

_____

2 Pinte os quadros que apresentam palavras escritas com **s** com som de **z**.

riso	missa	framboesa
famoso	gasolina	costureira
estudiosa	brasileiro	aniversário

3 Complete as palavras com **s** ou **z** e escreva-as separando as sílabas.

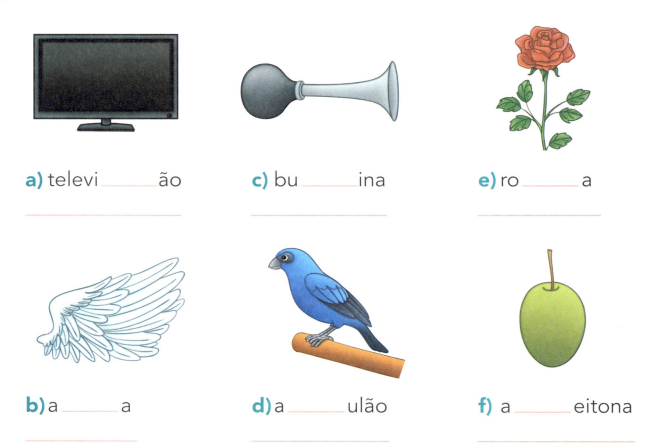

a) televi_____ão

c) bu_____ina

e) ro_____a

b) a_____a

d) a_____ulão

f) a_____eitona

4 Escreva na coluna correspondente os substantivos a seguir.

casamento   tesoura   dezena   Brasil   azul
limpeza   batizado   besouro   beleza   cozinha
sorriso   fantasia   azeite   aviso   camisa

Palavras com S	Palavras com Z

X com som de CH

Vamos ler

A serenata

Ouvi música no jardim.
Era assim:
Tiu, tiu, ti,
Tiu, tiu, ti...
Chuá, chuá, chuááá...

Que canção divina!

Era uma alegre, fina
Serenata para mim.

Que luxo!

Fui olhar de mansinho:
Era um passarinho
Conversando com o repuxo...

Teresa Noronha. *Remar, rimar*. São Paulo: Scipione, 2007. p. 21.

Atividades

1 Circule no poema as palavras com **ch** e **x**, e escreva-as a seguir.

_____

2 Em cada quadro, circule a palavra que não pertence ao grupo.

xadrez	enxada
lixo	lanche
chuva	mexerico

3 Complete as palavras com **xa**, **xe**, **xi**, **xo** ou **xu** e escreva-as.

a) abaca_____

_____

c) pei_____

_____

e) _____cara

_____

b) cai_____

_____

d) amei_____

_____

f) li_____

_____

4 Complete as palavras com **ch** ou **x**.

a) _____ocolate

b) en_____oval

c) col_____a

d) _____erife

e) co_____a

f) _____impanzé

g) bai_____o

h) _____inelo

i) _____á

j) _____arope

k) co_____i_____o

l) me_____er

5 Escolha duas palavras do quadro e forme uma frase com cada uma.

lanchonete – ameixa – luxo – chocolate

a) _____

_____

b) _____

_____

X com som de Z

Vamos ler

Xis

A letra xis é engraçada!
Escrevo chave, chinelo e chuva
com som de X.
Escrevo exame, exemplo e exercício
com som de Z.
Xi! Ela é exagerada!

Eliana Almeida.

Atividades

1 Copie do poema as palavras escritas com **x** com som de **z**.

_____

_____

2 Em cada quadro, marque com um **X** a palavra que não pertence ao grupo.

mexerica exato existe	exagero exército lixo
exame enxame hexágono	caixa exemplo êxito

3 Complete as palavras com **x** ou **z** e escreva-as.

a) a_____edo _____

b) e_____ibição _____

c) e_____ato _____

d) ba_____ar _____

e) e_____agero _____

f) e_____ame _____

g) e_____ército _____

4 Complete as frases com os termos do quadro que melhor se adequarem a elas.

exército	exagero	êxito
êxodo	exame	exato
exemplo	existência	exercício

a) Zélia fez um _____ médico.

b) O _____ de matemática é fácil.

c) A aluna deu um _____ de cidadania.

d) O soldado faz parte do _____ brasileiro.

e) _____! Você acertou o alvo e ganhou o prêmio.

f) _____ é a saída ou partida de pessoas de um lugar para outro.

g) Parabéns pelo seu _____! Sucesso em sua profissão.

h) Devo fazer exercícios físicos, mas sem _____.

i) Os seres vivos precisam de água para garantir sua _____.

5 Ordene as sílabas a seguir e escreva as palavras formadas.

a) lar xa e _____

b) mi e nar xa _____

c) to e xaus _____

d) ti xa e dão _____

Numerais

Vamos ler

A incapacidade de ser verdadeiro

Paulo tinha fama de mentiroso. Um dia chegou em casa dizendo que vira no campo dois dragões-da-independência cuspindo fogo e lendo fotonovelas.

A mãe botou-o de castigo, mas na semana seguinte ele veio contando que caíra no pátio da escola um pedaço da lua, todo cheio de buraquinhos, feito queijo, e ele provou e tinha gosto de queijo. Desta vez Paulo não só ficou sem sobremesa como foi proibido de jogar futebol durante quinze dias.

Quando o menino voltou falando que todas as borboletas da Terra passaram pela chácara de Siá Elpídia e queriam formar um tapete voador para transportá-lo ao sétimo céu, a mãe decidiu levá-lo ao médico. Após o exame, o Dr. Epaminondas abanou a cabeça:

– Não há nada a fazer, Dona Coló. Este menino é mesmo um caso de poesia.

A incapacidade de ser verdadeiro. In: *Contos plausíveis,* de Carlos Drummond de Andrade, Companhia das Letras, São Paulo: Carlos Drummond de Andrade © Graña Drummond (www.carlosdrummond.com.br).

Numeral é a classe de palavras que determina os seres em termos numéricos.

Os numerais podem ser:

- **cardinais** – um, dois, três...
- **ordinais** – primeiro, segundo, terceiro...
- **multiplicativos** – dobro, triplo...
- **fracionários** – metade, meio, terço...

Atividades

1 Circule os numerais que aparecem no texto.

2 Classifique os numerais ligando-os ao quadro correto.

a) triplo

b) décimo

c) meio

d) quinze

e) primeiro

f) cem

g) um terço

h) dobro

i) dez

j) quádruplo

k) sexto

cardinal

ordinal

multiplicativo

fracionário

3 Escreva os numerais ordinais dos números a seguir.

a) cinco _____

b) vinte _____

c) nove _____

d) dez _____

e) sete _____

f) cem _____

g) um _____

h) oito _____

i) trinta _____

j) seis _____

k) dois _____

l) quatro _____

4 Escreva por extenso os numerais ordinais a seguir. Veja o exemplo.

a) 11º décimo primeiro

b) 12º _____

c) 13º _____

d) 14º _____

e) 15º _____

f) 16º _____

g) 17º _____

h) 18º _____

i) 19º _____

j) 20º _____

X com som de S, SS e CS

Vamos ler

Detetive

Alex: A próxima letra é... A, B, C... Ué, está faltando...

Dico: Sou o detetive Dico. Vou descobrir a letra para você.

Alex: É tão difícil assim?

Dico: Ainda estou em dúvida. Preciso de uma dica.

Alex: Será que está detrás da porta? Puxa! Veja só! Dragão! Dinossauro! Dromedário!

Dico: Feche a porta! Você está me distraindo.

Alex: Acho que está dentro da caixa. OBA! Uma nota de DEZ!

Dico: Desculpe-me, amigo. Deixe-me decifrar.

Alex: Está bem. Vou descansar com os dez.

Dico: Veja só. Um DISCO! "D" de disco! Descobri! A próxima letra é "D"!

Alex: Nota DEZ!

Detetive. Phyllis Reily. *Ciranda do ABC*. São Paulo: Papirus, 2009. p. 8-9.

Atividades

1 Circule no texto as palavras escritas com **x** e que tenham som de **ss** e **cs**.

2 Leia as palavras da tabela prestando atenção ao som da letra **x**.

Letra X com som de S	Letra X com som de SS	Letra X com som de CS
texto	auxílio	táxi
exploração	próximo	sexo
sexta	máximo	maxilar

3 Complete as palavras com **x** e escreva-as separando as sílabas.

a) a_____ila _____

b) prete_____to _____

c) má_____imo _____

d) e_____plicação _____

e) apro_____imar _____

f) comple_____o _____

g) pire_____ _____

h) refle_____o _____

i) tá_____i _____

4 Escreva ao lado das palavras o som representado pela letra **x**. Siga a legenda.

| CS | SS | S |

a) crucifixo

b) expresso

c) auxiliar

d) texto

e) oxigênio

f) próximo

g) axila

h) refluxo

5 Em cada coluna, sublinhe a palavra que não pertence ao grupo.

tóxico	explosão	máximo
auxílio	sexta	excursão
táxi	exílio	trouxe

Adjetivos

Vamos ler

Curiosidade

Uma menina muito curiosa
queria porque queria saber
quem bordou com perfeição
as asas do pavão.

Uma menina muito xereta
queria porque queria saber
quem pintou a festa de cores
das asas da borboleta.

Elias José. *Um jeito bom de brincar*. São Paulo: FTD, 2002. p. 19.

Os **adjetivos** dão características aos substantivos.

Atividades

1 Copie do poema:

a) os adjetivos;

_____

_____

b) os substantivos.

_____

_____

_____

2 Observe as imagens e escreva quatro adjetivos para cada uma.

a)

Sutichak Yachiangkham/Shutterstock

_____

_____

_____

_____

b)

Rodionov Oleg/Shutterstock

_____

_____

_____

_____

c)

Mehmet Cetin/Shutterstock

_____

_____

_____

_____

3 Usando as letras, relacione cada substantivo, na primeira coluna, a uma qualidade, na segunda coluna.

a) criança

b) comida

c) dia

d) tênis

e) urso

f) casa

g) árvore

☐ peludo

☐ ensolarado

☐ ventilada

☐ apertado

☐ frondosa

☐ feliz

☐ saborosa

4 Complete as frases com adjetivos.

a) O homem é _____ e _____.

b) Assisti a um filme _____.

c) Meu jardim é _____ com muitas flores.

d) A filha de Marta é _____ e _____.

e) Os animais da fazenda são _____.

f) Não gosto de comida _____ e _____.

Antônimos
Vamos ler

O frio pode ser quente?

As coisas
têm muitos jeitos
de ser
Depende
do jeito da gente
ver...

O comprido pode
ser curto
e o pouco
pode ser muito
[...]

Será
que tudo
está
no meio
e não existe
só o bonito
ou
só o feio?
[...]

São jeitos
das coisas ser
Depende do jeito
da gente ver.
[...]

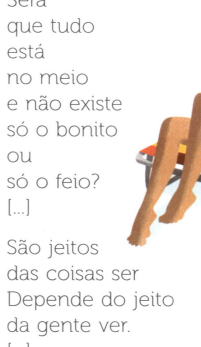

Jandira Masur. *O frio pode ser quente?* 17. ed. São Paulo: Ática, 2006. p. 1, 2, 27 e 31.

Antônimos são palavras que têm significado contrário, oposto, entre si.

Atividades

1 Circule os antônimos que aparecem no poema e copie-os.

_____

_____

Encontre no diagrama o antônimo das palavras a seguir e depois escreva-os.

I	W	F	E	C	H	A	R	B
M	A	L	G	E	K	J	O	R
J	R	G	S	R	Ó	I	A	U
E	F	G	R	T	K	P	L	I
P	E	R	T	O	G	R	R	M
Ã	I	V	S	N	M	I	D	D
O	O	F	S	G	U	C	L	D
N	B	V	A	Z	I	O	Q	B
O	R	E	L	G	I	O	E	A
I	K	I	M	A	G	R	O	I
T	F	W	S	Q	S	C	G	X
E	S	C	U	R	O	I	R	O

dia
_____

gordo
_____

pobre
_____

bonito
_____

bem
_____

alto
_____

abrir　　　　　longe　　　　　bom
_____　_____　_____

errado　　　　　cheio　　　　　claro
_____　_____　_____

3 Reescreva as frases substituindo as palavras destacadas por antônimos.

a) O livro de fábulas é **grosso**.

_____

b) A mala de Anita está **cheia** e **pesada**.

_____

c) O **dia** está **frio**.

_____

Sinônimos

Vamos ler

[...]
Se você fosse um bicho, que tipo
de bicho gostaria de ser?

Bicho bravo, feroz,
de garras afiadas?

Bicho manso e carinhoso,
de pelo macio?

Um bicho preguiçoso ou um bicho
[engraçado?
Um bicho que voa lá no alto do céu?

Um bicho que corre, ou
que se arrasta no chão?

Bicho espinhento,
ou peludo...

Um bicho-papão?
[...]

Nye Ribeiro. *Jeito de ser*. 2. ed. São Paulo: Editora do Brasil, 2013. p. 6-9.

Sinônimos são palavras que têm o mesmo significado.

Atividades

1 Copie do poema duas palavras com significado parecido.

_____

2 Usando as letras, relacione cada palavra da primeira coluna com o sinônimo da segunda coluna.

a) gostoso

b) pulou

c) ruído

d) tagarela

e) surgiu

f) longo

☐ faladeira

☐ barulho

☐ apareceu

☐ comprido

☐ saltou

☐ saboroso

3 Observe a palavra destacada em cada frase e encontre no quadro um sinônimo para ela. Depois, utilize-o para reescrever a frase.

> triste – alegre – infeliz

a) Hoje eu acordei **contente**.

_____

> gostosa – salgada – doce

b) A torta de palmito estava **deliciosa**.

_____

> macio – duro – novo

c) Comprei um travesseiro muito **fofo**.

_____

> perto – distante – cheia

d) A cidade estava muito **longe**.

_____

Pronome

Vamos ler

Gato pensa?

Dizem que gato não pensa
mas é difícil de crer.
Já que ele também não fala
como é que se vai saber?
[...]

E se a comida está quente,
ele, antes de comer,
muito calculadamente,
toca com a pata pra ver.

Só quando a temperatura
da comida está normal,
vem ele e come afinal.

E você pode explicar
como é que ele sabia
que ela ia esfriar?

Ferreira Gullar. In: Maristela P. de A. Leite e Pascoal Soto (Coord.). *Palavras de encantamento: antologia de poetas brasileiros*. São Paulo: Moderna, 2001. p. 74.

Pronome é uma palavra que substitui um nome ou a ele se refere.
Os pronomes pessoais são:
- eu, tu, ele, ela (para o singular);
- nós, vós, eles, elas (para o plural).

Atividades

1 Circule todos os pronomes pessoais que aparecem no poema.

2 Reescreva as frases substituindo o nome por um pronome. Veja o exemplo.

> **Maria** comeu maçã.
> **Ela** comeu maçã.

a) **Caio** viajou para a praia no fim de semana.

_____

b) **Dalila** e **Thiago** brincam no parque de diversões.

_____

c) **Você** e **eu** estudamos a lição de Geografia juntos.

_____

d) **Raiana** mora perto da escola.

_____

e) **Eu**, **papai** e **mamãe** almoçamos juntos todos os dias.

_____

f) **Juliana** e **Fabiana** são irmãs.

_____

3 Complete as frases com os pronomes pessoais. Observe o quadro a seguir.

> eu – tu – ele – ela – nós – vós – eles – elas

a) _____ é muito bonita.

b) _____ gosto de jogar futebol com os amigos.

c) _____ regamos o jardim da vovó.

d) _____ falas baixinho.

e) _____ comeram o bolo de maracujá.

f) _____ é muito inteligente.

g) _____ tomou banho hoje de manhã.

h) _____ ficastes zangado com a turma?

Revisando os pronomes

Vamos ler

Ziraldo. *Maluquinho por arte: histórias em que a turma pinta e borda.* 2. ed. São Paulo: Globo, 2010. p. 6.

Atividades

1 Circule o pronome pessoal que aparece na história em quadrinhos e escreva-o a seguir.

_____

2 Circule nas frases a seguir a palavra que substitui o nome.

a) Ela terminou de ler o livro na biblioteca.

b) Tu cortaste o bolo de aniversário.

c) Nós fizemos uma música interessante.

d) Eu faço balé todos os sábados.

e) Eles cantaram o hino na formatura.

f) Vós telefonais para o prefeito.

3 Leia as frases e responda-as usando pronomes pessoais. Veja o exemplo.

a) Eu como. Quem come? ____Eu____

b) Tu falas. Quem fala? _____

c) Ele corre. Quem corre? _____

d) Ela dorme. Quem dorme? _____

e) Nós olhamos. Quem olha? _____

f) Vós estudais. Quem estuda? _____

g) Elas nadam. Quem nada? _____

h) Eles pulam. Quem pula? _____

4 Faça a correspondência entre os pronomes da primeira coluna com os verbos da segunda coluna.

1 Eu   ☐ canta

2 Tu   ☐ cantamos

3 Ele   ☐ canto

4 Nós   ☐ cantam

5 Vós   ☐ cantas

6 Eles   ☐ cantais

5 Reescreva as frases substituindo os nomes destacados por pronomes.

a) **Eu** e **Daniela** pulamos amarelinha no pátio da escola.

_____

b) Quando a peça terminou, **Ricardo** se levantou.

_____

6 Complete a música com pronomes.

Vapor da cachoeira

O vapor da cachoeira
Não navega mais pro mar.
Levanta a corda, bate o búzio.
_____ queremos navegar.
Ai, ai, ai, _____ queremos navegar.

Minha mãe não quer
Que _____ vá lá na casa
Do meu amor.
Vou perguntar para _____
Se _____ nunca namorou.

Cantiga regional da Bahia.

Palavras com L e U no final de sílabas

Vamos ler

Esperteza

A galinha do seu **Vital**
botou ovos de **ouro**.
Que **estouro**! Que **carnaval**!
O seu Vital, que é tonto,
mas não é bronco,
chamou a galinha de rainha.
E **mandou** reservar pra ela,
num **hotel** seis estrelas,
a suíte **presidencial**.

Elias José. *Um jeito bom de brincar*. São Paulo: FTD, 2002. p. 23.

> As letras **l** e **u** têm sons parecidos quando em final de sílabas.

Atividades

1 Copie do poema todas as palavras destacadas.

_____

_____

2 Organize as sílabas e forme palavras.

al	de	par	mo	cau	to	cal	dal	le	ço	da	ma

a) _____   e) _____

b) _____   f) _____

c) _____   g) _____

d) _____   h) _____

3 Escreva o nome das imagens a seguir.

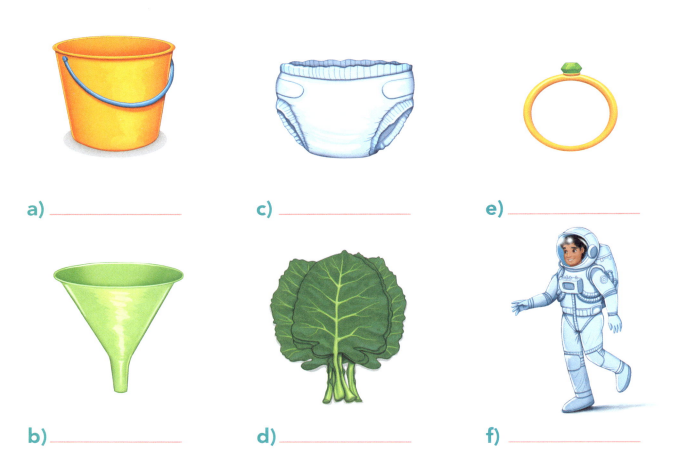

a) _____

c) _____

e) _____

b) _____

d) _____

f) _____

4 Complete as palavras com **l** ou **u** e copie-as separando as sílabas.

a) minga _____   _____

b) a _____ ditório   _____

c) jorna _____   _____

d) ca _____ ça   _____

e) a _____ tomóvel   _____

f) sa _____ dade   _____

g) caraco _____   _____

h) so _____ dado   _____

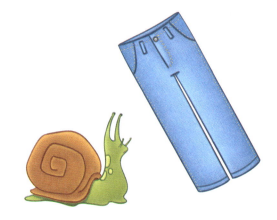

5 Escolha uma das palavras a seguir e complete as frases adequadamente.

mal/mau – alto/auto – cauda/calda

a) O lobo _____ é personagem da história de Chapeuzinho Vermelho.

b) Alberto é um rapaz muito _____.

c) A _____ do pudim é de caramelo.

Verbo

Vamos ler

Esquisitices

Eu hoje **acordei**
Muito esquisito.

Já **comi** o pé da mesa
E **bebi** café com mosquito,
Fui à praia e no mar,
Pesquei um peixe frito.

Eu hoje **acordei**
Muito esquisito.

Dei bom-dia pra cavalo
E **relinchei** pro cabrito,
Me **pendurei** no varal:
Logo que **estiver** seco, **grito**!

Eu hoje **acordei**
Muito esquisito.

Cuspi fogo na toalha
E **engoli** um periquito.
Eu **tô** que **tô**: eu, hoje,
Muito esquisito!

Sérgio Capparelli. *111 poemas para crianças*. 18. ed. Porto Alegre: L&PM, 2012. p. 86.

Os **verbos** são palavras que podem indicar uma ação (pegar, correr), um estado (ser, estar), um fenômeno da natureza (chover, nevar), uma vontade ou um sentimento (sentir, querer, desejar) etc.

Atividades

1 Copie todos os verbos que aparecem no poema.

_____

2 Releia a seguir alguns versos do poema e escreva o infinitivo dos verbos destacados. Veja o exemplo.

a) Eu hoje **acordei**. _____acordar_____

b) Já **comi** o pé da mesa. _____

c) E **bebi** café com mosquito. _____

d) **Fui** à praia. _____

e) **Pesquei** um peixe frito. _____

f) **Dei** bom-dia. _____

g) **Relinchei** pro cabrito. _____

3 Os verbos do quadro a seguir representam o som que alguns animais produzem. Utilize-os para completar as frases.

> pia – late – ruge – muge – mia – canta

a) O leão _____.   d) O cão _____.

b) O gato _____.   e) O pinto _____.

c) A vaca _____.   f) O galo _____.

4 Observe as imagens e complete as frases com verbos.

a) Joana _____ a casa.

b) Murilo _____ banho.

c) O músico _____ violão.

Tempos verbais: presente

Vamos ler

Viagem

Quem lê vai em frente
quem escreve vai também.
O poeta segue contente
quando dirige esse trem.

Piuíííííííí! Piuíííííííí!
Toca o apito da estação
bem na hora de partir.
Lá vai o trem... vamos também...

Você entra, sai e brinca
com palavras em movimento.
Para. À esquerda. À direita.
Poesia a gente inventa.

Fernando Paixão. *Poesia a gente inventa*. 4. ed. São Paulo: Ática, 1998. p. 2.

O tempo verbal indica o momento em que a ação é realizada.
Quando o verbo está no **presente**, a ação está acontecendo ou acontece sempre.

Atividades

1 Copie do poema os verbos que estão no presente.

_____

_____

2 Observe os verbos que estão no quadro. Eles estão no presente. Utilize-os para completar as frases.

> canta – mora – voa – come – corro – tomam – dirigem

a) O pássaro _____ bem alto.

b) O macaco _____ banana.

c) Eu _____ todos os dias no parque.

d) Você _____ no interior de São Paulo.

e) Alice e Fernando _____ sorvete de uva.

f) O solista do coral da escola _____ muito bem.

g) Os motoristas _____ grandes caminhões pela estrada.

3 Marque um **X** nos verbos que indicam fenômenos da natureza.

☐ cantar   ☐ nevar   ☐ tocar

☐ ventar   ☐ fazer   ☐ trovejar

☐ chorar   ☐ chover   ☐ gritar

4 Complete as frases com o verbo **escrever** no presente.

a) Eu _____ no meu caderno.

b) Tu _____ no diário.

c) Ele _____ no bloco de notas.

d) Nós _____ uma música.

e) Vós _____ uma carta para mim.

f) Eles _____ juntos na lousa.

5 Sublinhe os verbos nas frases a seguir.

a) Dr. Rogério é meu pediatra.

b) O réu permanece em silêncio.

c) Venta muito nesta época do ano.

d) Lorena e Miguel participam do grupo teatral da escola.

e) Mamãe faz bolos de fubá deliciosos.

Tempos verbais: pretérito (passado)

Vamos ler

O urso e as abelhas

Um urso topou com uma árvore caída que servia de depósito de mel para um enxame de abelhas. Começou a farejar o tronco quando uma das abelhas do enxame voltou do campo de trevos. Adivinhando o que ele queria, deu uma picada daquelas no urso e depois desapareceu no buraco do tronco. O urso ficou louco de raiva e se pôs a arranhar o tronco com as garras na esperança de destruir o ninho. A única coisa que conseguiu foi fazer o enxame inteiro sair atrás dele. O urso fugiu a toda velocidade e só se salvou porque mergulhou de cabeça num lago.

Moral: Mais vale suportar um só ferimento em silêncio que perder o controle e acabar todo machucado.

Fábula de Esopo.

Quando o verbo está no **pretérito (passado)**, a ação já aconteceu.

Atividades

1 Copie do poema os verbos que estão no pretérito.

_____

_____

2 Sublinhe os verbos que estão no pretérito.

a) falou

b) veste

c) dormiu

d) canta

e) escondeu

f) lutar

g) comeram

h) foge

i) contou

3 Numere as frases de acordo com o tempo verbal indicado na legenda.

    1 Ações no presente.   **2** Ações no pretérito.

a) Seu Jair limpou a casa toda.

b) O jardim da vizinha está florido.

c) Juliana ganhou um lindo presente de Natal.

d) Ontem choveu muito.

e) Ana toma vacina contra a dengue.

f) João faltou ao treino de futebol.

4 Complete as frases com o verbo **falar** no pretérito.

a) Eu _____ com meu amigo ontem.

b) Tu _____ com teu pai?

c) Ele _____ bastante na reunião.

d) Nós _____ com nossos colegas.

e) Vós _____ ao telefone por muitas horas.

f) Eles _____ sobre o tema na aula passada.

5 Complete as frases com verbos no pretérito.

a) Henrique _____ a bola para fora da quadra.

b) Meu pai _____ de viagem na semana passada.

c) Ontem eu _____ um sanduíche natural.

d) Nas olimpíadas do ano passado, eu _____ uma medalha.

Tempos verbais: futuro

Vamos ler

Quem sempre foi sempre será

No passado e no futuro,
preste muita atenção,
para os dois não misturar,
pois só vai dar confusão!

Essa gente é linguaruda
e só deita falação.
Se falaram no passado,
no futuro falarão!
[...]

Esses dois namoradinhos
não querem ficar na mão.
Se beijaram no passado,
no futuro beijarão!

As velhinhas tão doentes
tomam mel com agrião.
Se tossiram no passado,
no futuro tossirão!
[...]

Pedro Bandeira. *Mais respeito, eu sou criança!* 7. ed. São Paulo: Moderna, 1994. p. 52-53.

Quando o verbo está no **futuro**, a ação ainda acontecerá.

Atividades

1 Copie do poema os verbos que estão no futuro.

_____

2 Circule os verbos que estão no futuro.

a) beberei

b) gosto

c) dormirão

d) brincará

e) assustarei

f) faço

g) comerás

h) encontrou

i) falarão

3 Usando o tempo futuro, complete as frases com os verbos indicados. Veja o exemplo.

a) Ele _____cantará_____ na apresentação de final de ano. (cantar)

b) José _____ violão para a turma. (tocar)

c) Carolina _____ o vestido do casamento. (comprar)

d) Eles _____ basquete amanhã. (jogar)

e) Ela _____ no parque com sua irmã. (brincar)

4 Complete as frases com o verbo **estudar** no futuro.

a) Eu _____ com meu pai.

b) Tu _____ Inglês amanhã.

c) Ele _____ na biblioteca do bairro.

d) Nós _____ juntos para a prova de História.

e) Vós _____ com Ana.

f) Eles _____ na escola.

5 Numere as frases de acordo com o tempo verbal indicado na legenda.

1 Ações no presente.

2 Ações no pretérito.

3 Ações no futuro.

a) Margarida receberá um presente. ☐

b) Jonas e Lucas farão uma pesquisa sobre tubarões. ☐

c) Durante o dia choveu muito em São Paulo. ☐

d) Amanhã o tempo estará nublado. ☐

e) Dona Julieta toma mel com agrião para curar a tosse. ☐

f) Clarice esqueceu os livros sobre a escrivaninha ☐

Rich Carey/Shutterstock

NOME: _____ DATA: _____

Revisando os tempos verbais I

Vamos ler

Novela

A vaca amarela
ganhou uma rosa amarela
e uma declaração de amor
de um boi voador,
louquinho por ela.

A vaca amarela
sorriu, jogou beijo
e ficou mais bela.
O boi voador deu a ela
uma aliança de noivado.

Marcaram o casamento,
montaram uma casa.
O boi voador prometeu
não voar mais.

Na despedida de solteiro,
o boi voador resolveu voar
só um pouquinho...

Só que voou, voou,
e até hoje não voltou.

Elias José. Novela. In: Bartolomeu Campos de Queirós (Org.). *Gotas de poesia*. São Paulo: Moderna, 2003. p. 47.

Atividades

1 Copie todos os verbos que apareceram no poema. Depois, circule o verbo que está no infinitivo.

_____

_____

_____

2 Leia as frases a seguir e escreva em qual tempo estão os verbos que nelas aparecem. Veja o exemplo.

a) Ela divide o bolo com o filho. _____presente_____

b) Você viajará amanhã. _____

c) Eu cheguei cedo ao trabalho. _____

d) Elas jogarão futebol no próximo sábado. _____

e) João e Karina estão com pressa. _____

3 Numere os verbos de acordo com o tempo verbal indicado na legenda.

1 Presente   **2** Pretérito   **3** Futuro

a) [ ] saltará   d) [ ] ando   g) [ ] sonhaste

b) [ ] correu   e) [ ] dançaremos   h) [ ] como

c) [ ] pescam   f) [ ] visitou   i) [ ] farão

4 Em cada coluna, complete as frases com o verbo e o tempo indicados.

abrir	cantar	falar
presente	pretérito	futuro
Eu _____.	Eu _____.	Eu _____.
Ele _____.	Ele _____.	Ele _____.
Nós _____.	Nós _____.	Nós _____.
Eles _____.	Eles _____.	Eles _____.

Verbos terminados em AM e ÃO

Vamos ler

A cidade que mudou de nome

Na cidade de Trovoada, as pessoas andavam tristes e mal-humoradas. Ninguém conversava, ninguém ria nem contava piadas.

As crianças não brincavam mais nas ruas, os gatos não miavam, as vacas não mugiam, até os passarinhos tinham deixado de cantar.

Só se ouvia o barulho de carros, buzinas, fábricas e televisões ligadas até tarde.

Alguma coisa muito estranha estava acontecendo naquela cidade...

Conceil Corrêa da Silva e Nye Ribeiro. *A cidade que mudou de nome*. 2. ed. São Paulo: Editora do Brasil, 2010. p. 4, 7.

> Verbos terminados em **am** indicam uma ação no presente ou no pretérito.
> Verbos terminados em **ão** indicam uma ação no futuro.

Atividades

1 Copie do texto os verbos terminados em **am** e **ão**.

_____

2 Sublinhe de **verde** as frases que estão no futuro, e de **azul** as frases no pretérito.

a) Os sinos tocaram na igreja.

b) Minhas amigas ensinarão a coreografia.

c) Eles caminharão no Jardim Botânico.

d) As estrelas brilharam no céu.

3 Escreva os verbos a seguir na coluna correta.

falarão	sonharam	comerão
comeram	pegarão	desenharam
ouviram	brincaram	comprarão
estudarão	subirão	ganharam

Pretérito	Futuro

4 Complete as frases com um dos verbos do quadro seguindo o tempo verbal indicado.

participaram – participarão

a) As crianças _____ da peça teatral. (futuro)

cansaram – cansarão

b) Os atletas _____ da caminhada. (pretérito)

fugiram – fugirão

c) Os animais _____ do zoológico. (pretérito)

construíram – construirão

d) Os engenheiros _____ uma ponte sobre o rio. (futuro)

Revisando os tempos verbais II

Vamos ler

Desejos

Papai Noel,
Me traga
Um punhado de estrelas
Pra eu pendurar
No meu quarto
E para sempre
Poder vê-las.

Me traga o sol
Pra que de noite
Eu também possa
Jogar futebol.

[...]
E dormir de dia
E sonhar o dia inteiro.
Papai Noel,
Eu quero um gnomo, um duende,

Uma bruxa e uma fada.
Pensando bem,
Pode trazer dois de cada.

[...]

E, Papai Noel,
Só mais um desejo:
Me traga um beijo
Do Papai do Céu.

Lalau. Desejos. In: Heloisa Prieto (Org.). *Papai Noel – um velhinho de muitos nomes*. São Paulo: Companhia das Letrinhas, 1995. p. 28-29.

Atividades

1 Responda às questões a seguir.
a) Qual é o nome do poema?

_____

b) A qual personagem são dirigidos os desejos?

_____

2 Copie do poema os verbos que estão no infinitivo.

_____

3 Complete a tabela com os verbos no tempo indicado. Veja o exemplo.

Ontem eu	Hoje eu	Amanhã eu
joguei	jogo	jogarei
	vejo	
corri		
	observo	
	falo	
aceitei		aceitarei
pulei		

4 Escreva em que tempo verbal estão os verbos das frases a seguir.
a) Ana observou as flores no campo. _____
b) O menino toca piano muito bem. _____
c) Rodrigo jogou futebol com os amigos. _____
d) Amanhã caminharemos no parque. _____

5 Ligue as frases ao tempo verbal correto.
a) O livro está sobre a mesa.
b) O Natal será na sexta-feira.
c) Ontem Pedro faltou à escola.
d) Tenho aula de inglês.
e) Mariana irá ao museu.
f) Marcos tomou uma multa.
g) Cida e Larissa estão felizes.

Presente

Pretérito

Futuro

Números naturais

Utilizamos os números naturais (0, 1, 2, 3, 4, 5, 6, 7, 8, 9) em muitas situações do dia a dia. Veja:

9915...

Tirei 6!

Atividades

1 Responda às perguntas a seguir.

a) Quantos anos você tem?

_____

b) Quais são o dia, o mês e o ano em que você nasceu?

_____

c) Sua família é formada por quantas pessoas?

_____

d) Que número você calça?

_____

e) A que horas você acorda?

_____

f) A que horas inicia sua aula?

_____

2 Observe as imagens, conte os elementos e escreva a quantidade nos quadros.

a) ▢ brinquedos   b) ▢ frutas

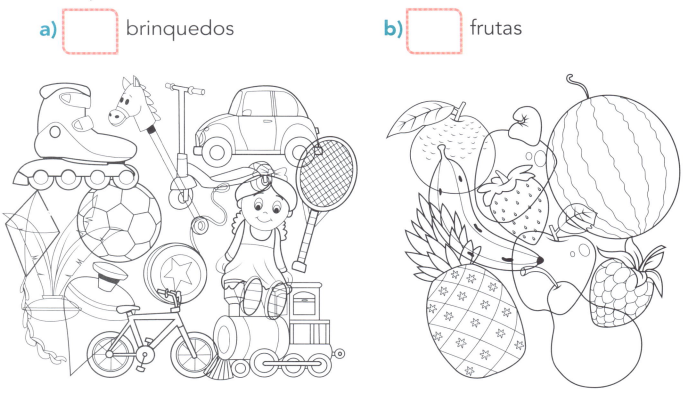

3 Agora, escreva os números encontrados na atividade anterior e o antecessor deles.

a) brinquedos ▢ ▢   b) frutas ▢ ▢

4 Observe o exemplo, descubra o segredo da atividade e faça a correspondência entre as colunas.

a) 10 •   • vinte e sete

b) 26 •   • cinquenta e dois

c) 35 •   • setenta e três

d) 47 •   • onze

e) 51 •   • quarenta e oito

f) 64 •   • trinta e seis

g) 72 •   • sessenta e cinco

Ordem crescente e ordem decrescente

Formamos uma fila em ordem crescente de altura.

Atividades

1 Em um jogo, foram sorteados os números a seguir. Organize-os em ordem decrescente.

25   11   48

5   36   4   29

2 Numere os atletas em ordem crescente. Utilize os números do quadro.

98 – 16 – 54 – 61 – 22 – 43

Sinais de > (maior que), < (menor que) e = (igual a)

Ao comparar números, podemos utilizar os símbolos > (maior que), < (menor que) e = (igual a). Exemplos:

$8 > 6$ $\qquad$ $14 < 20$ $\qquad$ $15 = 15$

Atividades

1 Compare os números utilizando os sinais de > (maior que), < (menor que) e = (igual a).

a) 3 _____ 5

b) 41 _____ 14

c) 29 _____ 68

d) 21 _____ 21

e) 12 _____ 12

f) 38 _____ 83

g) 75 _____ 93

h) 18 _____ 10

i) 20 _____ 19

j) 55 _____ 48

k) 67 _____ 67

l) 8 _____ 83

2 Complete as comparações numéricas corretamente.

a) _____ > 36

b) _____ > 20

c) _____ > 82

d) _____ > 73

e) _____ < 5

f) _____ < 39

g) _____ < 78

h) _____ < 2

i) _____ = 70

j) _____ = 11

k) _____ = 56

l) _____ = 24

3 Leia as situações-problema e organize em ordem decrescente os números citados nelas. Utilize o sinal > (maior que).

a) No campeonato de figurinhas da escola, José ganhou 31 figurinhas, Carla ganhou 15, Sabrina ganhou 28 e Léo ganhou 46.

_____

b) Na casa de Renata moram muitas pessoas. Sua mãe tem 40 anos, seu pai tem 41 anos, Renata tem 8 anos, sua irmã mais velha tem 10 anos e seu irmão caçula tem 6 anos.

_____

Números ordinais

Coloque os cavalinhos na 1ª prateleira, a bola na 2ª e a peteca na 3ª.

Atividades

1 Numere os brinquedos na ordem em que foram citados pela mãe.

_____   _____   _____

2 Faça a correspondência entre as colunas.

a) 1º •   • vigésimo quinto

b) 19º •   • primeiro

c) 25º •   • décimo nono

d) 39º •   • quinquagésimo terceiro

e) 46º •   • trigésimo nono

f) 53º •   • quadragésimo sexto

3 A professora Manuela fez uma lista com a ordem das atividades que a turma fará esta semana. Observe:

Segunda-feira	Terça-feira	Quarta-feira	Quinta-feira	Sexta-feira
céu 10 8 9 7 5 6 4 2 3 1				

Seguindo a ordem dos acontecimentos, responda às questões.

a) Qual é a posição da atividade com bola? _____

b) Qual é a posição da amarelinha? _____

c) Em qual posição está sua atividade predileta? _____

4 Complete as frases escrevendo por extenso o número ordinal indicado.

a) Márcia mora no _____ andar. (16º)

b) Na competição de natação, André foi o _____ colocado. (2º)

c) Sou o _____ na lista de espera. (27º)

d) Na Corrida de São Silvestre, Carlos foi o _____ _____ colocado. (41º)

5 Cante a cantiga de roda *Terezinha de Jesus* e, depois, complete as lacunas a seguir de acordo com a ordem dos cavalheiros que lhe deram a mão.

a) primeiro: _____

b) segundo: _____

c) terceiro: _____

Revisando a ordem crescente e a ordem decrescente

Atividades

1 Ligue os pontos na ordem crescente dos números 60 a 100. Depois, pinte a cena.

2 Escreva os números em ordem decrescente e leve o cachorro até a casinha dele.

3 Complete as trilhas com os números em ordem crescente.

a)

| 25 | | 27 | | | 30 | | |

b)

| 87 | | | 90 | | | 93 | | |

Números romanos

O sistema de numeração romano é representado por 7 letras do alfabeto.

I	V	X	L	C	D	M
1	5	10	50	100	500	1 000

Qual é o nome da rua onde você mora?

Eu moro na Rua Dom João VI.

ESCOLA

Atividades

1 Circule as situações em que podemos encontrar os números romanos.

a) números de telefone

b) capítulos de livros

c) relógios

d) nomes de papas

e) nomes de reis e príncipes

f) fascículos de enciclopédia

2 Pinte o número que representa o século em que estamos.

 XXX

 XI

 XXI

 XV

3 Faça a correspondência entre as colunas. Observe o exemplo.

A	IV	☐ trinta e oito
B	XVI	☐ cinquenta e nove
C	XXV	A quatro
D	XXXVIII	☐ quarenta e dois
E	XLII	☐ dezesseis
F	LIX	☐ vinte e cinco

4 Use os números romanos para indicar o antecessor dos números a seguir. Veja o exemplo.

a) __II__ 3   c) _____ 10   e) _____ 14

b) _____ 16   d) _____ 12   f) _____ 30

5 Escreva o número que está entre os números indicados.

a) XIX _____ XXI   d) XXVI _____ XVIII

b) XXX _____ XXXII   e) XLIII _____ XLV

c) XLV _____ XLVII   f) XLIX _____ LI

6 Escreva sua idade em números romanos.

_____

7 Complete as informações utilizando o número indicado em algarismos romanos.

a) Foi no século _____ que o homem pisou pela primeira vez na Lua. (20)

b) D. Maria _____ foi a primeira monarca do Brasil. (1)

c) O Papa Bento _____ antecedeu o Papa Francisco. (16)

d) Foi no Rio de Janeiro, na Praça _____ de Novembro, que ocorreram acontecimentos significativos para a História do Brasil. (15)

Centenas

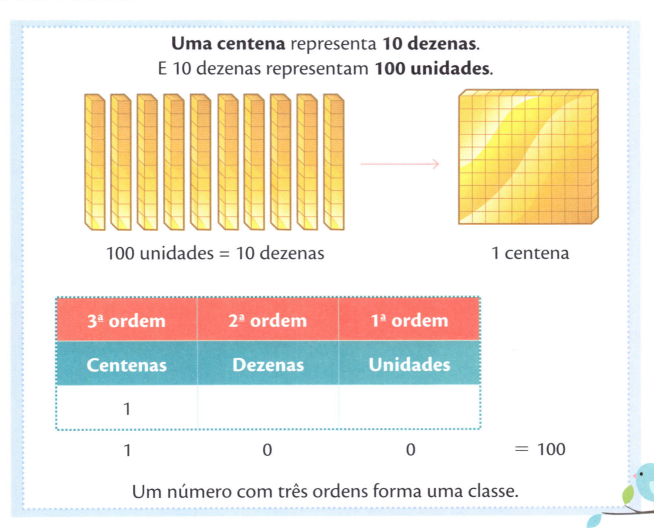

Uma centena representa **10 dezenas**.
E 10 dezenas representam **100 unidades**.

100 unidades = 10 dezenas

1 centena

3ª ordem	2ª ordem	1ª ordem
Centenas	**Dezenas**	**Unidades**
1		

1   0   0   = 100

Um número com três ordens forma uma classe.

Atividades

1 Agrupe as bolinhas de gude de 10 em 10 unidades até formar uma centena.

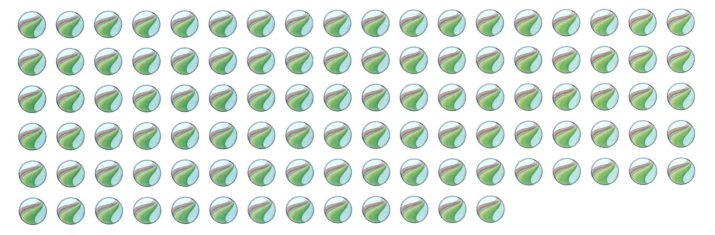

2 Em cada sacola há 10 laranjas. Conte o total de laranjas de cada grupo e faça a correspondência entre as colunas.

a)
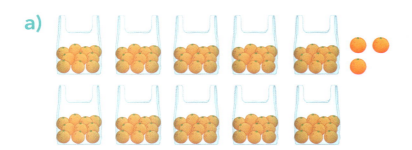

120

b)
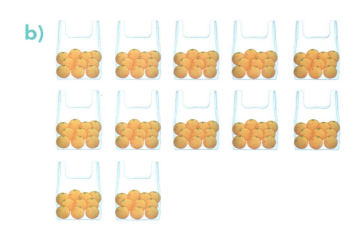

76

c)
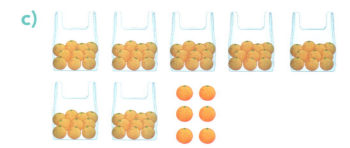

103

d)
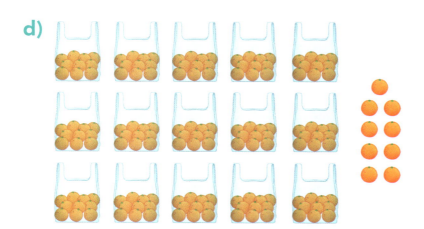

159

Um pouco mais sobre as centenas

Atividades

1 Escreva as quantidades indicadas. Siga o exemplo.

a) 1 centena e 1 dezena _____110_____

b) 6 centenas, 8 dezenas e 9 unidades _____

c) 9 centenas, 3 dezenas e 1 unidade _____

d) 5 centenas, 5 dezenas e 7 unidades _____

e) 4 centenas e 7 dezenas _____

f) 2 centenas, 2 dezenas e 3 unidades _____

2 Agora, escreva por extenso os números encontrados na atividade anterior.

a) 110 → _____

b) 689 → _____

c) 931 → _____

d) 557 → _____

e) 470 → _____

f) 223 → _____

3 Numere os girassóis deste jardim com as centenas que faltam em ordem crescente.

4 Escreva o sucessor dos números a seguir.

a) 99 _____   e) 151 _____   i) 235 _____

b) 299 _____   f) 314 _____   j) 400 _____

c) 478 _____   g) 526 _____   k) 682 _____

d) 703 _____   h) 867 _____   l) 949 _____

5 Decomponha os números em centenas, dezenas e unidades. Veja o exemplo.

a) 836 ___ 800 + 30 + 6 ___   e) 763 _____

b) 999 _____   f) 442 _____

c) 601 _____   g) 387 _____

d) 518 _____   h) 225 _____

Adição

Adição é a operação que junta quantidades ou acrescenta uma quantidade a outra. Os números somados chamam-se **parcelas**, e o resultado chama-se **soma** ou **total**. Observe:

Quantas bexigas há no pacote?

Há 21 azuis e 26 vermelhas.

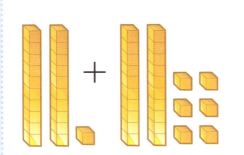

Dezenas	Unidades
||	|
||	||||||
4	7

D	U
2	1
2	6
4	7

Vamos ler

Vai decolar!

No foguete do cachorro
tem lugar pra muita gente.
5 gatas animadas usam gorro
e os outros 12 tripulantes, capacete.
Será que você descobre
quantos lugares há nesse foguete?

Renata Bueno. *Poemas problemas*. São Paulo: Editora do Brasil, 2012. p. 16.

Atividades

1. Resolva os problemas a seguir.

   a) No primeiro mês de aula, a turma do 3º ano A e a do 3º ano B pegaram emprestados na biblioteca da escola 36 livros. No segundo mês, essas mesmas turmas pegaram 41 livros. Quantos livros elas pegaram emprestados no total?

   Resposta: _____

   b) Na gincana de roupas para doar feita no bairro, a equipe verde recolheu 35 peças e a equipe azul recolheu 33 peças. Quantas peças de roupa foram recolhidas no total?

   Resposta: _____

   c) Para a festa de aniversário de Gustavo, dona Simone fez 25 cachorros-quentes e 24 coxinhas. Quantos salgados dona Simone fez no total?

   Resposta: _____

Adição com reserva: dezena

Na adição com reserva, quando a soma das unidades ultrapassa 9 unidades, deve-se levar a dezena formada para a 2ª ordem. Observe:

- Para a festa junina da escola, dona Isa preparou 34 pamonhas e 29 curais de milho. Quantos doces ela preparou no total?

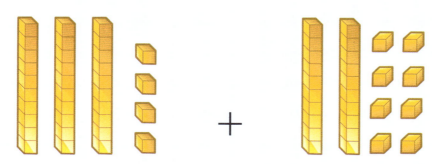

Centenas	Dezenas	Unidades
+		
	6	3

D	U
3¹	4
+ 2	9
6	3

Resposta: Dona Isa preparou 63 doces no total.

Atividade

1 Na primeira rodada de um **jogo de boliche**, Felipe fez 14 pontos e, na segunda rodada, fez 17. Quantos pontos Felipe fez no total?

Resposta: _____

Adição com reserva: centena

Na adição com reserva, quando a soma das dezenas ultrapassa 9 dezenas, deve-se levar a centena formada para a 3ª ordem. Observe:

- Seu Tadeu foi à feira e comprou 41 goiabas, 43 mangas e 32 maçãs. Quantas frutas seu Tadeu comprou no total?

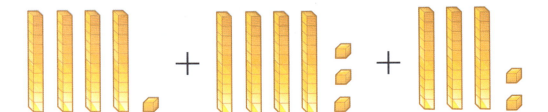

Centenas	Dezenas	Unidades
I	IIII	I
	IIII	III
	III	II
1	1	6

C	D	U
1	4	1
	4	3
	3	2
1	1	6

Resposta: Seu Tadeu comprou 116 frutas no total.

Atividade

1 Na padaria de Manoel, na primeira fornada saíram 48 pães de milho, na segunda fornada saíram 36 pães de leite e na terceira fornada, 30 pães doces. Quantos pães a padaria de Manoel produziu no total?

Resposta: _____

Revisando a adição

Vamos ler

A banda

Dona Vanda
tinha uma banda.
Na banda, quando as cornetas tocavam,
60 borboletas dançavam.
Quando os tambores batiam,
600 roedores riam.
Cada roedor tinha tambor.
Cada borboleta tinha corneta.
Quantos instrumentos tinha a banda
de Dona Vanda?

Renata Bueno. *Poemas problemas*. São Paulo: Editora do Brasil, 2012. p. 9.

Atividades

1 Calcule as somas e pinte o caminho que apresenta a maior delas.

a)
$5 + 3 + 10 + 12 + 1 + 6 + 2 + 0 = \boxed{}$

b)
$8 + 8 + 4 + 10 + 6 + 9 + 3 + 7 = \boxed{}$

c)
$3 + 1 + 9 + 10 + 2 + 0 + 1 + 4 + 6 = \boxed{}$

2 Resolva os problemas a seguir.

a) Para o aniversário de sua filha, Juliana foi à loja de doces e comprou 25 pirulitos, 25 pés de moleque e 75 balas. Quantos doces Juliana comprou no total?

Resposta: _____

b) Dona Lúcia tem uma banca de flores. Ela recebeu do horto 32 rosas, 46 margaridas e 26 cravos. Quantas flores dona Lúcia recebeu ao todo?

Resposta: _____

3 Escreva as quantidades indicadas. Siga o exemplo.

a) 8 centenas, 2 dezenas _____ 820 _____

b) 7 centenas, 1 dezena e 8 unidades _____

c) 1 centena, 6 dezenas e 3 unidades _____

d) 5 centenas, 3 dezenas e 1 unidade _____

e) 6 centenas e 5 dezenas _____

f) 3 centenas, 9 dezenas e 4 unidades _____

Subtração

Subtração é a operação que diminui, tira uma quantidade de outra ou compara duas quantidades para determinar a diferença entre elas. **Minuendo**, **subtraendo**, **resto** ou **diferença** são os nomes dos termos da subtração. Nela, colocamos sempre o número maior em cima e o menor embaixo; subtraímos primeiro as unidades e depois as dezenas. Observe:

■ Kauê tem uma coleção com 86 selos e Luana tem uma coleção com 64 selos. Quem tem a maior coleção? Quantos elementos uma coleção tem a mais do que a outra?

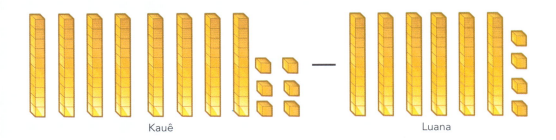

Kauê   Luana

Dezenas	Unidades
‖‖‖‖‖‖‖‖	‖‖‖‖‖‖
‖‖‖‖‖‖	‖‖‖‖
2	2

D	U
8	6
6	4
2	2

Resposta: Kauê tem a maior coleção.
Ele tem 22 selos a mais do que Luana.

Atividades

1 Usando os dados do exemplo acima, complete:

a) minuendo _____   **b)** subtraendo _____   **c)** resto _____

2 Resolva os problemas a seguir.

a) Bianca tem uma encomenda de 88 maçãs do amor. Ela já fez 56. Quantas maçãs do amor ela ainda tem de fazer?

Resposta: _____

b) Minha mãe tem 36 anos. Sua irmã caçula tem 23 anos. Quantos anos minha mãe tem a mais que a irmã caçula dela?

Resposta: _____

c) Em um jogo de cartas, Miguel fez 76 pontos e Sofia fez 51 pontos. Quantos pontos Miguel fez a mais do que Sofia?

Resposta: _____

Subtração com centena

Para subtrair números inteiros que apresentam centenas, dezenas e unidades, subtraímos primeiro unidade de unidade, depois subtraímos dezena de dezena e, por último, centena de centena. Observe:

- Juliano e Tiago querem descobrir qual deles colou mais figurinhas no álbum. Juliano colou 236 figurinhas e Tiago colou 112. Quem colou mais figurinhas? Quantas figurinhas um colou a mais do que o outro?

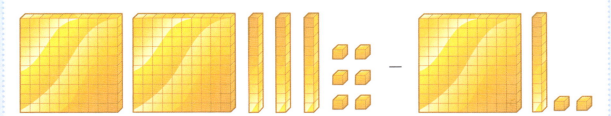

Figurinhas de Juliano.   Figurinhas de Tiago.

Centenas	Dezenas	Unidades
⫽|	⫽||	⫽⫽||||
1	2	4

	C	D	U
	2	3	6
−	1	1	2
	1	2	4

Resposta: Juliano colou mais figurinhas.
Ele colou 124 figurinhas a mais do que Tiago.

Atividades

1. O circo de Igor tem capacidade para 328 pessoas. Já foram vendidos 212 ingressos. Quantos faltam ser vendidos para lotar a sessão?

Resposta: _____

2 Resolva os problemas a seguir.

a) Na gincana da escola, os alunos do período da manhã recolheram 164 brinquedos para doação e os alunos do período da tarde recolheram 112. Quantos brinquedos os alunos da manhã recolheram a mais que os alunos da tarde?

Resposta: _____

b) Para a formatura de Júlia, tia Filomena fez 473 lanchinhos. Desses lanchinhos, 242 são doces e o restante são salgados. Quantos salgados foram encomendados?

Resposta: _____

c) Maria Rita colheu 328 espigas de milho. Para o mercado da cidade, ela vendeu 213 espigas. Quantas espigas sobraram?

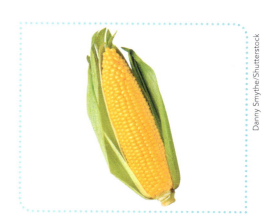

Resposta: _____

Revisando o sistema de numeração decimal e a subtração

Atividades

1 Escreva a quantidade representada pelo Material Dourado.

_____ centena _____ dezenas _____ unidades

2 Escreva o número que está **entre** os números indicados.

a) 154 _____ 156   **c)** 199 _____ 201   **e)** 609 _____ 611

b) 476 _____ 478   **d)** 915 _____ 917   **f)** 398 _____ 400

3 Escreva por extenso os números a seguir.

a) 116 _____

b) 161 _____

c) 222 _____

d) 345 _____

e) 453 _____

f) 534 _____

4 Continue decompondo os números. Siga o exemplo.

a) 621   6 centenas, 2 dezenas e 1 unidade

b) 216 _____

c) 162 _____

d) 738 _____

e) 387 _____

f) 873 _____

5 Resolva as subtrações para levar o jogador à cesta.

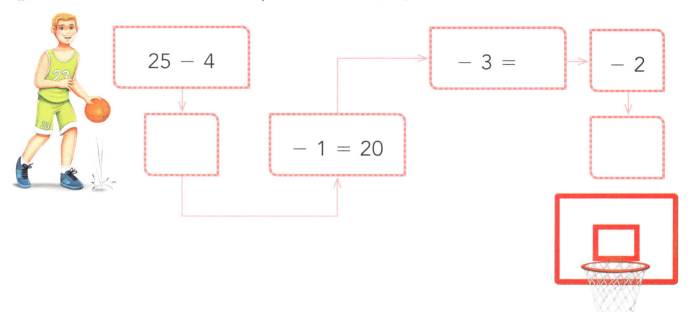

25 − 4

− 1 = 20

− 3 =

− 2

6 Ligue cada subtração ao resultado correto.

a) 20 − 10 ●

70

b) 60 − 10 ●

10

c) 80 − 10 ●

90

d) 40 − 10 ●

50

e) 100 − 10 ●

30

7 Arme as operações e calcule-as.

a) 379 − 152

   C D U

b) 624 − 211

   C D U

Subtração com recurso

Nesta operação podemos trocar 1 dezena por 10 unidades
e também 1 centena por 10 dezenas. Observe:

■ Nicolau colheu, no mês de junho, 319 laranjas, porém 58 delas
estavam estragadas. Quantas laranjas Nicolau pôde utilizar?

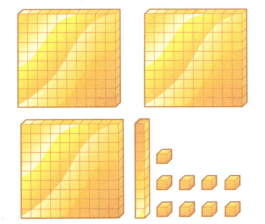

Laranjas colhidas.

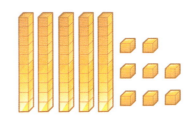

Laranjas estragadas.

Centenas	Dezenas	Unidades
⫾⫾⫾	⏐ ⏐⏐⏐⏐⏐⏐⏐⏐⏐⏐	⏐⏐⏐⏐⏐⏐⏐⏐⏐
	⏐⏐⏐⏐⏐	⏐⏐⏐⏐⏐⏐⏐⏐
2	6	1

C	D	U
²3̷	¹1	9
	5	8
2	6	1

Resposta: Nicolau pôde utilizar 261 laranjas.

Atividades

1 Marta comprou 945 blocos para construir uma casa de boneca. No transporte se quebraram 127 blocos. Quantos blocos inteiros ainda restaram?

Resposta: _____

2 Bento e Clara estão montando um quebra-cabeça de 456 peças. Eles já encaixaram 361 peças. Quantas peças ainda faltam para montar o quebra-cabeça?

Resposta: _____

3 Uma sorveteria vendeu 738 picolés no mês de janeiro e 642 no mês de fevereiro. Em que mês a sorveteria vendeu mais? Qual é a diferença entre os valores?

Resposta: _____

4 Em uma estufa havia 256 mudas de orquídeas. Morreram 29 mudas. Quantas mudas restaram?

Resposta: _____

Verificando a adição e a subtração

Para confirmar se a operação está correta é só fazer a operação inversa.

■ A operação inversa da adição é a subtração. Veja o primeiro exemplo:

```
    1  3  2            3  7  8              1  3  2            2  4  6
 +  2  4  6         -  2  4  6      ou   +  2  4  6         +  1  3  2
 ──────────        ──────────           ──────────        ──────────
    3  7  8            1  3  2              3  7  8            3  7  8
```

A soma é utilizada como minuendo. Uma parcela será o subtraendo. O resto ou diferença deverá ser a outra parcela.

No segundo exemplo, como na adição a ordem das parcelas não altera a soma, trocar a ordem das parcelas também é uma maneira de verificar a operação.

■ A operação inversa da subtração é a adição. Veja:

```
    6  3  4            4  2  1
 -  2  1  3         +  2  1  3
 ──────────        ──────────
    4  2  1            6  3  4
```

A diferença ou resto é somada ao subtraendo, e a soma dessa operação deverá ser igual ao minuendo.

Atividades

1 Leia cada definição e ligue-a à operação que corresponde a ela.

a) Operação inversa da adição. ●

adição

b) Operação inversa da subtração. ●

subtração

2 Calcule as adições e confirme se estão corretas.

a) Cálculo   Prova real

```
  3 5 9
+ 2 1 4
```

b) Cálculo   Prova real

```
  6 4 7
+ 1 5 2
```

3 Calcule as subtrações e confirme se estão corretas.

a) Cálculo   Prova real

```
  9 5 2
− 4 1 3
```

b) Cálculo   Prova real

```
  8 6 9
− 4 1 3
```

4 Calcule as subtrações e pinte o caminho que apresenta o menor resto.

a)

23 − 2 − 5 − 1 − 2 − 0 − 3 − 1 − 2

b)

23 − 2 − 4 − 0 − 5 − 3 − 6 − 1 − 0 − 1

Multiplicação

Multiplicação é a operação que adiciona quantidades iguais. Os termos da multiplicação são: **multiplicando**, **multiplicador**, também chamados de fatores, e **produto**.

$$4 + 4 + 4 = 12$$

$$3 \times 4 = 12$$

$$
\begin{array}{r}
4 \\
\times \ \ 3 \\
\hline
12
\end{array}
$$

4 → multiplicando
× 3 → multiplicador ⎫→ fatores
12 → produto

Atividades

1 Observe os grupos de doces e efetue a multiplicação. Veja o exemplo:

a) 2 + 2 + 2 = 6   ou   3 × 2 = 6

b) _____   ou   _____

c) _____   ou   _____

2 Na gincana da escola, uma das tarefas era construir brinquedos com sucata. Para isso, os alunos se organizaram em grupos e confeccionaram brinquedos variados. Observe os primeiros itens da tabela e complete os demais.

Brinquedos	Alunos por grupo	Brinquedos por alunos	Total de brinquedos
Bilboquê	5	3	3 + 3 + 3 + 3 + 3 = 15 ou 5 × 3 = 15
Carrinho	2	2	2 + 2 = 4 ou 2 × 2 = 4
Cata-vento	6	3	
Barangandão	7	4	
Vai e vem	4	5	
Argolas	3	6	

3 Júlia tem 3 cabides e em cada cabide ela coloca 3 blusas. Quantas blusas Júlia tem?

Resposta: _____

4 Agora, responda às questões a seguir com base no problema anterior.

a) Qual é o multiplicando? _____

b) Qual é o multiplicador? _____

c) Qual é o produto? _____

Dobro e triplo

Para determinar o **dobro** de um número, temos de multiplicá-lo por **2** e, para determinar o **triplo**, basta multiplicá-lo por **3**.

Atividades

1 Complete a tabela.

Multiplicando	Multiplicador	Produto
5	2	
7	2	
8	2	
6	2	

2 Marina levou para o lanche 3 bombons de chocolate e Pedro levou o dobro. Quantos bombons Pedro levou?

Resposta: _____

3 Complete a sequência com o dobro.

$\boxed{2} \times 2 = \boxed{} \times 2 = \boxed{} \times 2 = \boxed{}$

4 Complete a tabela.

Multiplicando	Multiplicador	Produto
3	3	
5	3	
2	3	
8	3	
6	3	

5 Calcule as adições e, depois, transforme-as em multiplicações.

a) $4 + 4 + 4 = $ _____ ou _____ $\times$ _____ = _____

b) $7 + 7 + 7 = $ _____ ou _____ $\times$ _____ = _____

c) $9 + 9 + 9 = $ _____ ou _____ $\times$ _____ = _____

6 Artur foi pescar com o pai e o avô. Seu pai pescou 5 peixes e o avô pescou o triplo de peixes. Quantos peixes o avô de Artur pescou?

Resposta: _____

7 Resolva as multiplicações e complete as tabelas para descobrir o dobro e o triplo de cada número.

$\times$	1	2	3	4	5	6	7	8	9	10
2										

$\times$	1	2	3	4	5	6	7	8	9	10
3										

Nosso dinheiro

O real é o dinheiro usado atualmente no Brasil. O símbolo do real é R$.

Mauricio de Sousa Editora Ltda.

Atividades

1 Ligue cada quantidade à moeda que corresponde a ela.

Banco Central do Brasil

a) um centavo ●

b) cinco centavos ●

c) dez centavos ●

d) um real ●

e) vinte e cinco centavos ●

f) cinquenta centavos ●

2 Some os valores das cédulas e escreva por extenso o total.

a) _____

b) _____

c) _____

d) _____

3 Resolva os problemas a seguir.

a) Hoje Gisele recebeu sua mesada. Ajude-a a descobrir a quantia recebida. Escreva-a por extenso.

Fotos: Banco Central do Brasil

Resposta: _____

b) Lílian economizou 9 reais ao longo da semana. Sua irmã, Ana, economizou quatro vezes mais. Quanto Ana economizou?

Resposta: _____

c) João comprou um autorama por 386 reais e André comprou outro modelo por 259 reais. Qual é a diferença entre os valores dos autoramas?

Resposta: _____

Multiplicação com mais de um algarismo no multiplicando

■ Multiplicação com dezenas

D	U
1	3

$\times$ 2

———

2 6

$2 \times 3 = 6$
$2 \times 1 = 2$

Primeiro multiplicamos unidade por unidade ($2 \times 3 = 6$). Depois, unidade por dezena ($2 \times 1 = 2$).

■ Multiplicação com centenas

C	D	U
2	3	4

$\times$ 2

———

4 6 8

$2 \times 4 = 8$
$2 \times 3 = 6$
$2 \times 2 = 4$

Primeiro multiplicamos unidade por unidade ($2 \times 4 = 8$). Depois, unidade por dezena ($2 \times 3 = 6$) e, por último, unidade por centena ($2 \times 2 = 4$).

Atividades

1 Resolva os problemas a seguir.

a) Um pipoqueiro vendeu no mês de abril 42 sacos de pipoca. No mês de maio, ele vendeu o dobro. Quantos sacos de pipoca o pipoqueiro vendeu no mês de maio?

Resposta: _____

b) Para a festa de encerramento do ano letivo na escola, já foram vendidos 123 bilhetes. Para não haver prejuízo, é necessário vender o triplo dessa quantidade. Quantos bilhetes precisam ser vendidos no total?

Resposta: _____

> Na multiplicação por 10, acrescentamos mais um zero ao multiplicando.
> Na multiplicação por 100, acrescentamos mais dois zeros ao multiplicando.

2 Efetue as multiplicações por 10.

a) $5 \times 10 =$ _____   **c)** $3 \times 10 =$ _____   **e)** $9 \times 10 =$ _____

b) $2 \times 10 =$ _____   **d)** $6 \times 10 =$ _____   **f)** $1 \times 10 =$ _____

3 Efetue as multiplicações por 100.

a) $7 \times 100 =$ _____   **c)** $4 \times 100 =$ _____   **e)** $2 \times 100 =$ _____

b) $5 \times 100 =$ _____   **d)** $6 \times 100 =$ _____   **f)** $8 \times 100 =$ _____

4 No início do inverno Jurema comprou 5 blusas. Cada blusa custou 10 reais. Quanto Jurema gastou no total?

Resposta: _____

5 Se uma bicicleta custa 100 reais, quanto custarão 9 bicicletas?

Resposta: _____

Multiplicação com reserva

■ Multiplicação com unidades e dezenas

D	U
^{1}2	3
×	4
9	2

■ $4 \times 3 = 12 \rightarrow$ Multiplique as unidades, escreva o 2 na ordem das unidades e reserve o 1, que corresponde a 1 dezena, na ordem das dezenas.

■ $4 \times 2 = 8 \rightarrow$ Multiplique as dezenas, adicione a dezena que estava reservada e escreva o valor na ordem das dezenas.

■ Multiplicação com unidades, dezenas e centenas

C	D	U
^{1}2	^{1}4	5
	×	3
7	3	5

■ $3 \times 5 = 15 \rightarrow$ Multiplique as unidades, escreva o 5 na ordem das unidades e reserve o 1, que corresponde a 1 dezena, na ordem das dezenas.

■ $3 \times 4 = 12 \rightarrow$ Multiplique as dezenas, adicione a dezena que estava reservada, escreva o 3 na ordem das dezenas e reserve o 1, que corresponde a 1 centena, na ordem das centenas.

■ $3 \times 2 = 6 \rightarrow$ Multiplique as centenas, adicione a centena que estava reservada e escreva o valor na ordem das centenas.

Atividades

1 Calcule as multiplicações e ligue-as ao produto correto.

a) 4×100 ●   340

b) 26×4 ●   936

c) 34×10●   400

d) 356×2●   104

e) 234×4●   712

2 Resolva os problemas a seguir.

a) Para a festa de São João foram compradas 134 espigas de milho. Seu Eduardo quer comprar o triplo de laranjas. Quantas laranjas ele deseja comprar?

Resposta: _____

b) Para o recital de poemas, a professora Norma organizou 4 filas com 34 cadeiras em cada fila. Quantas cadeiras ela utilizou?

Resposta: _____

c) No estoque de um supermercado há 9 caixas de achocolatado com 12 latas em cada uma. Quantas latas há ao todo?

Resposta: _____

3 Resolva as multiplicações e complete as tabelas.

×	1	2	3	4	5	6	7	8	9	10
4										

×	1	2	3	4	5	6	7	8	9	10
5										

Divisão

Divisão é a operação que divide uma quantidade em partes iguais.
Os termos da divisão são: **dividendo**, **divisor**, **quociente** e **resto**.
A divisão é a operação inversa da multiplicação.

> Preparei 8 brigadeiros
> para dividir entre vocês.

$8 \div 2 = 4$ ou

dividendo → 8 | 2 → divisor
− 8   4 → quociente
resto → 0

ou

8 | 2
0   4

Vamos ler

Na volta da escola

Voltam da escola, juntas,
quatorze crianças, além do Ian.
Todas vêm cantando e brincando
apertadinhas dentro da van:
algumas ficam na casa do
Luís Felipe
pra jogar futebol,
outras na casa da Clarinha
pra tomar banho de sol.

A casa do Ian é a última parada
onde ainda desce uma molecada.
Se o mesmo número de crianças
em cada casa ficar,
você é capaz de saber quantas
afinal descem em cada lugar?

Renata Bueno. *Poemas problemas*. São Paulo: Editora do Brasil, 2011. p. 31.

Atividades

1 No campeonato de futebol de botão, Tiago e Helena ganharam como prêmio 6 reais, que dividirão em partes iguais. Quanto cada um receberá?

Resposta: _____

2 Agora, responda às questões a seguir sobre o problema anterior.

a) Que número é o dividendo? _____

b) Que número é o divisor? _____

c) Que número é o quociente? _____

d) Na divisão do prêmio sobrou dinheiro? _____

3 Nicole comprou 18 rosas para montar dois arranjos iguais. Quantas rosas ela colocará em cada arranjo?

Resposta: _____

4 Resolva as divisões e complete a tabela.

:	2	4	6	8	10	12	14	16	18	20
2										

Metade ou meio

Para encontrar a metade de um número basta dividi-lo por 2.
Metade ou meio também é a divisão de um inteiro em duas partes iguais.

Dividi a maçã ao meio, uma metade para cada um.

Atividades

1 Ligue as metades que se completam.

2 Pinte a metade de cada quantidade a seguir. Depois, resolva as operações e ligue as colunas corretamente.

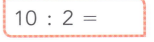
10 : 2 =

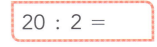
20 : 2 =

8 : 2 =

12 : 2 =

3 Resolva os problemas a seguir.

a) Fernanda comprou 8 rosas e quer colocar metade em seu quarto e a outra metade no quarto de sua irmã. Quantas rosas ficarão em cada quarto?

Resposta: _____

b) Melissa comprou 6 bombons de chocolate e deu metade para sua professora. Com quantos bombons cada uma ficou?

Resposta: _____

Um terço ou terça parte

Para encontrar a terça parte de um número basta dividi-lo por 3.
Um terço ou terça parte é a divisão de um inteiro em três partes iguais.

Um terço de xícara
de chá de óleo.

Atividades

1 Circule um terço de cada quantidade a seguir. Depois, resolva as operações e ligue as colunas corretamente.

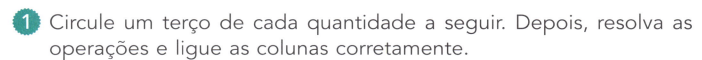

9 : 3 =

6 : 3 =

12 : 3 =

15 : 3 =

2 Divida as imagens a seguir em três partes iguais e pinte um terço de cada uma.

a) chocolate

b) *pizza*

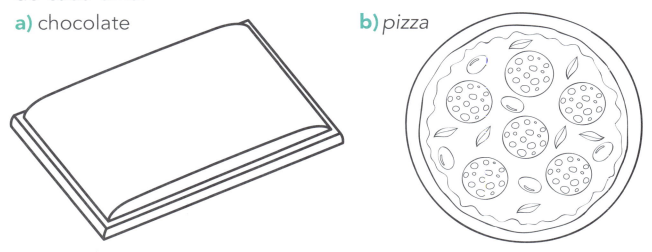

3 Resolva os problemas a seguir.

a) Brenda fez 27 picolés de coco e já vendeu um terço. Quantos picolés de coco ela vendeu?

Resposta: _____

b) Rosa tinha 24 reais, gastou um terço com a entrada do cinema. Quanto custou a entrada do cinema?

Resposta: _____

4 Resolva as divisões e complete a tabela.

:	3	6	9	12	15	18	21	24	27	30
3										

Revisando a multiplicação e a divisão

Para encontrar a terça parte de um número basta dividi-lo por 3.
Um terço ou terça parte é a divisão de um inteiro em três partes iguais.

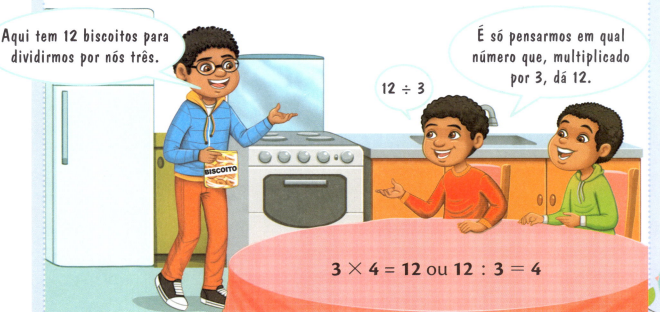

Aqui tem 12 biscoitos para dividirmos por nós três.

É só pensarmos em qual número que, multiplicado por 3, dá 12.

12 ÷ 3

3 × 4 = 12 ou 12 : 3 = 4

Atividades

1 Resolva as operações. Depois, ligue as multiplicações à operação inversa.

a) 2 × 1 = _____ •

b) 2 × 2 = _____ •

c) 2 × 3 = _____ •

d) 2 × 4 = _____ •

e) 2 × 5 = _____ •

f) 2 × 6 = _____ •

g) 2 × 7 = _____ •

h) 2 × 8 = _____ •

i) 2 × 9 = _____ •

j) 2 × 10 = _____ •

• 8 : 2 = _____

• 14 : 2 = _____

• 2 : 2 = _____

• 12 : 2 = _____

• 6 : 2 = _____

• 4 : 2 = _____

• 10 : 2 = _____

• 20 : 2 = _____

• 16 : 2 = _____

• 18 : 2 = _____

2 Identifique os termos de cada operação e complete a tabela.

Operação	Multiplicando	Multiplicador	Produto	Dividendo	Divisor	Quociente
$4 \times 5 = 20$						
$20 : 4 = 5$						
$3 \times 7 = 21$						
$21 : 3 = 7$						
$6 \times 3 = 18$						
$18 : 6 = 3$						

3 Agora, arme e efetue as operações da atividade anterior.

a)

c)

e)

b)

d)

f)

4 Senhor Vítor quer dar aos quatro filhos o mesmo valor de mesada. Ele tem 36 reais. Quanto cada filho receberá de mesada?

Petrkurgan/Dreamstime.com

Resposta: _____

5 Resolva as divisões e complete a tabela.

:	4	8	12	16	20	24	28	32	36	40
4										

Divisão exata e divisão não exata

Divisão exata é aquela em que o resto é igual a zero.
A divisão é feita igualmente e sem sobras.

$$
\begin{array}{r|l}
10 & 2 \\
\underline{-\ 10} & 5 \\
00 & \longrightarrow \quad \textbf{resto} = \textbf{0}
\end{array}
$$

Divisão não exata é aquela em que o resto é diferente de zero.
A divisão é feita igualmente, porém há sobras.

$$
\begin{array}{r|l}
7 & 2 \\
\underline{-\ 6} & 3 \\
1 & \longrightarrow \quad \textbf{resto} \neq \textbf{0}
\end{array}
$$

Atividades

1 Resolva as divisões e indique se são exatas ou não exatas.

a)

$$
\begin{array}{r|l}
7 & 3 \\
\end{array}
$$

☐ exata   ☐ não exata

c)

$$
\begin{array}{r|l}
5 & 2 \\
\end{array}
$$

☐ exata   ☐ não exata

b)

$$
\begin{array}{r|l}
8 & 2 \\
\end{array}
$$

☐ exata   ☐ não exata

d)

$$
\begin{array}{r|l}
12 & 3 \\
\end{array}
$$

☐ exata   ☐ não exata

2 Neide fez 43 brigadeiros e irá distribuí-los igualmente em 5 mesas. Quantos brigadeiros ficarão em cada mesa? Sobrarão brigadeiros? Em caso afirmativo, quantos brigadeiros sobrarão?

Resposta: _____

_____

3 Agora é sua vez! Elabore um problema com base na operação a seguir, resolva-o e responda às questões.

45 : 5

_____

_____

_____

_____

a) Essa operação é exata ou não exata? Por quê?

_____

_____

b) Qual é o dividendo dessa operação? _____

c) Qual é o divisor dessa operação? _____

d) Qual é o quociente dessa operação? _____

4 Resolva as divisões e complete a tabela.

:	5	10	15	20	25	30	35	40	45	50
5	___	___	___	___	___	___	___	___	___	___

Divisão com dezenas e unidades

■ **Divisão exata**

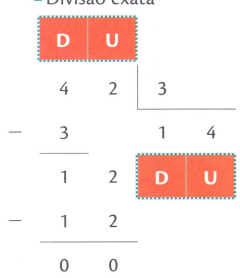

■ Divida primeiro as dezenas: 4 dezenas divididas por 3 resultam em 1 dezena. Depois, calcule: 1 dezena vezes 3 é igual a 3 dezenas. Subtraia 3 dezenas das 4 dezenas do 42 e verá que sobra 1 dezena.

■ Some a dezena que sobrou com as 2 unidades (1D + 2U = 12U) e divida por 3. Obtém-se 4 unidades. Depois, calcule: 4 vezes 3 é igual a 12 unidades. Subtraia 12 unidades de 12 unidades e o resto será igual a zero.

■ **Divisão não exata**

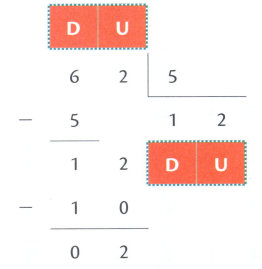

■ Divida primeiro as dezenas: 6 dezenas divididas por 5 resultam em 1 dezena. Depois, calcule: 1 dezena vezes 5 é igual a 5 dezenas. Subtraia as 5 dezenas das 6 dezenas do 62 e verá que sobra 1 dezena.

■ Some a dezena que sobrou com as 2 unidades (1D + 2U = 12U) e divida por 5. Obtém-se 2 unidades. Depois calcule: 2 vezes 5 é igual a 10 unidades. Subtraia 10 unidades de 12 unidades e o resto serão 2 unidades.

Atividades

1 Ligue cada número a seguir a sua respectiva metade ou terça parte.

a) 12 ●   ●10
b) 14 ●   ● 4
c) 30 ●   ● 8
d) 16 ●   ● 7
e) 27 ●   ● 5
f) 10 ●   ● 9

2 Resolva os problemas a seguir.

a) A taxa de energia do prédio em que Lucas mora foi de 88 reais e deverá ser dividida entre as quatro famílias que lá residem. Qual valor cada família pagará?

Resposta: _____

b) A bibliotecária de uma escola separou 84 livros e emprestou 7 livros a cada sala de aula. Quantas salas de aula há na escola?

Resposta: _____

c) O clube de mães do bairro costurou 93 roupinhas para bebês e vão distribuí-las igualmente entre 3 orfanatos. Quantas roupinhas cada orfanato receberá?

Resposta: _____

1 Resolva as divisões e complete a tabela.

:	6	12	18	24	30	36	42	48	54	60
6										

Verificando a divisão

A operação inversa da divisão é a multiplicação. Para confirmar se o resultado de uma divisão está correto, basta multiplicar o divisor pelo quociente para encontrar o dividendo. Veja o exemplo:

D	U
8	4	2

$$8 \quad 4 \mid 2$$
$$- \quad 8 \qquad 4 \quad 2$$
$$\overline{ 0 \quad 4}$$

| D | U |

$$- \quad 4$$
$$\overline{ 0}$$

D	U
4	2
×	2
8	4

Quando houver resto, este deve ser somado ao produto final. Veja:

D	U

$$7 \quad 3 \mid 3$$
$$- \quad 6 \qquad 2 \quad 4$$
$$\overline{ 1 \quad 3}$$

| D | U |

$$- \quad 1 \quad 2$$
$$\overline{ 0 \quad 1}$$

D	U
^{1}2	4
×	3
7	2
+	1
7	3

Atividades

1 Calcule as divisões e multiplicações. Depois, ligue corretamente as operações inversas.

a) 6 : 3 = _____ •

b) 20 : 5 = _____ •

c) 48 : 6 = _____ •

d) 24 : 4 = _____ •

• 4 × _____ = 24

• 3 × _____ = 6

• 5 × _____ = 20

• 6 × _____ = 48

2 Resolva as divisões e verifique o resultado delas.

a) 92 : 4

d) 62 : 2

b) 65 : 2

e) 78 : 3

c) 87 : 5

f) 54 : 4

3 Calcule as divisões e escreva nos quadros azuis a operação que confirma o resultado delas. Siga o exemplo.

a) 8 : 2 = 4

4 × 2 = 8

c) 42 : 6 = _____

____ × ____ = ____

e) 32 : 4 = _____

____ × ____ = ____

b) 35 : 5 = _____

____ × ____ = ____

d) 49 : 7 = _____

____ × ____ = ____

f) 27 : 3 = _____

____ × ____ = ____

Divisão com centenas, dezenas e unidades

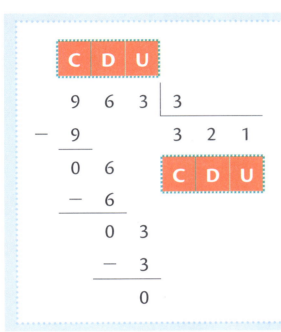

- Divida primeiro as centenas: 9 centenas divididas por 3 resultam em 3 centenas. Depois, calcule: 3 centenas vezes 3 é igual a 9 centenas. Subtraia as 9 centenas das 9 centenas do 963. Não sobram centenas.

- Agora divida as dezenas: 6 dezenas divididas por 3 resultam em 2 dezenas. Depois, calcule: 2 dezenas vezes 3 é igual a 6 dezenas. Subtraia as 6 dezenas das 6 dezenas do 963. Não sobram dezenas.

- Por fim, divida as unidades: 3 unidades divididas por 3 resultam em 1 unidade. Depois, calcule: 1 unidade vezes 3 é igual a 3 unidades. Subtraia as 3 unidades das 3 unidades do 963. Não sobram unidades.

Atividades

1 Resolva as divisões e indique se são exatas ou não exatas.

a)

C	D	U
5	3	5	4

b)

C	D	U
3	4	8	2

 ☐ exata ☐ não exata    ☐ exata ☐ não exata ○

2 Arme as operações e calcule-as.

a) 486 : 4

b) 839 : 3

3 Resolva os problemas a seguir.

a) Andreia comprou um refrigerador por 765 reais e dividiu o valor em 3 parcelas iguais. Qual é o valor de cada parcela?

Resposta: _____

b) Em uma escola foram matriculados 968 alunos. Metade estudará no período matutino e a outra metade no período vespertino. Quantos alunos estudarão em cada turno?

Resposta: _____

c) Uma editora distribuirá igualmente 455 livros para 5 bibliotecas. Quantos livros cada biblioteca receberá?

Resposta: _____

Sistema de numeração decimal: unidades de milhar

Um grupo de mil unidades forma um milhar, mil.

Quantos sacos temos?

Temos 10 sacos com 100 unidades cada. Ao todo são 1000 bolas.

	4ª	3ª	2ª	1ª
	UM	C	D	U
	1	0	0	0

1000 unidades = 100 dezenas = 10 centenas = 1 milhar

Atividades

1 Complete a sequência numérica seguindo a ordem crescente.

992 | | 994 | | | | |
| | | | 997 | | 999 | |

2 Faça a correspondência entre as colunas.

a) mil   ●   ● 1018

b) mil e dezoito   ●   ● 1091

c) mil e vinte e nove   ●   ● 1100

d) mil e quarenta   ●   ● 1000

e) mil e noventa e um ●   ● 1040

f) mil e cem   ●   ● 1029

3 Escreva o antecessor dos números a seguir.

a) _____ 1001   e) _____ 1006   i) _____ 1010

b) _____ 1015   f) _____ 1021   j) _____ 1040

c) _____ 1051   g) _____ 1062   k) _____ 1079

d) _____ 1088   h) _____ 1094   l) _____ 1100

4 Observe as quantidades indicadas pelo Material Dourado e represente-as com números.

a) _____

b) _____

c) _____

d) _____

Um pouco mais sobre o milhar

Atividades

1 Decomponha os números conforme o exemplo.

> 1091 = 1 unidade de milhar + 9 dezenas + 1 unidade

a) 1 130 = _____

b) 1 267 = _____

c) 1 609 = _____

d) 1 814 = _____

2 Complete o quadro a seguir. Siga o exemplo.

a)	1 unidade de milhar + 3 centenas + 1 unidade	1000 + 300 + 1	1 301
b)	1 unidade de milhar + 4 centenas + 2 dezenas		
c)	1 unidade de milhar + 2 centenas + 3 dezenas + 2 unidades		
d)	1 unidade de milhar + 6 centenas + 5 dezenas + 5 unidades		
e)	1 unidade de milhar + 9 centenas + 8 dezenas + 3 unidades		

3 Observe o número a seguir e responda às questões.

1526

a) Quantas ordens tem esse número? _____

b) Qual é o sucessor desse número? _____

c) E qual é o antecessor dele? _____

4 Escreva por extenso os números a seguir.

a) 1118 _____

b) 1351 _____

c) 1999 _____

d) 1784 _____

e) 1001 _____

f) 1023 _____

5 Complete as sequências numéricas seguindo a ordem crescente.

a)	1118			1121			
b)	1125		1227				
c)	1342					1347	
d)	1457	1458					
e)	1569			1572			1575
f)	1899		1901			1904	

Medidas de tempo

O relógio

Para marcar a passagem do tempo podemos usar o relógio. Existem vários tipos de relógio: analógico, digital, solar, de areia, de água etc.

Vamos ler

O tempo pediu ao tempo
Que lhe desse mais tempo.
O tempo respondeu ao tempo
Que pra tudo, o tempo tempo tem.

Parlenda.

Atividades

1 Encontre no diagrama as palavras que indicam o que marcam os ponteiros de um relógio. Depois, escreva-as abaixo.

W	W	U	F	M	H	O
M	I	N	U	T	O	S
N	U	Z	R	F	R	P
O	H	I	C	M	A	L
I	Y	C	V	A	S	M

- ponteiro pequeno: _____
- ponteiro grande: _____

2 Pensando na passagem do tempo, responda:

a) Quantas horas tem um dia? _____

b) Quantas horas tem meio dia? _____

3 Encontre os relógios que estão marcando as horas indicadas e ligue-os para fazer a correspondência.

| 12h | 13h30 | 20h45 | 7h15 | 22h05 |

4 Pela manhã, papai leva 2 horas para chegar ao trabalho. No retorno, fazendo o mesmo percurso, ele leva o dobro de horas por conta do trânsito. Quantas horas ele leva para chegar em casa?

Resposta: _____

5 Desafio! Você sabe dizer há quantas horas está acordado? Responda às questões a seguir.

a) Que horas você acordou hoje? Marque-a no relógio.

b) Que horas são agora? Marque-a no relógio.

c) Há quanto tempo você está acordado? Escreva abaixo.

Calendário: dia, semana, mês e ano

O dia, a semana, o mês e o ano também são formas de medir o tempo.

Vamos ler

Amanhã é segunda, que preguiça imunda.
Amanhã é terça, você compareça.
Amanhã é quarta, a saudade me mata.
Amanhã é quinta, toma banho e fica limpo.
Amanha é sexta, bote a sela em sua besta.
Amanhã é sábado, vá ao povoado.
Amanhã é domingo, dia de fumar cachimbo.

Parlenda.

Atividades

1 Pinte a opção que completa corretamente cada frase.

a) A semana tem...

| 5 dias | 8 dias | 7 dias |

b) O primeiro dia da semana é...

| domingo | segunda-feira | sábado |

c) O último dia da semana é...

| sexta-feira | sábado | domingo |

2 Escreva os dias da semana na ordem correta.

a) _____

b) _____

c) _____

d) _____

e) _____

f) _____

g) _____

Outubro						2016
Domingo	Segunda	Terça	Quarta	Quinta	Sexta	Sábado
.	.	.	.	.	.	1
2	3	4	5	6	7	8
9	10	11	12	13	14	15
16	17	18	19	20	21	22
23	24	25	26	27	28	29
30	31	.	.	.	.	.

hh5800/iStockphoto.com

3 Escreva que dia da semana é hoje.

_____

4 Qual é o dia da semana de que você mais gosta? Por quê?

_____

_____

5 Releia a parlenda da página anterior e responda às perguntas.
a) O que é para fazer no último dia da semana?

_____

b) O que é para fazer no quinto dia da semana?

_____

6 De acordo com a rotina de sua escola, escreva o dia da semana em que as atividades a seguir são realizadas. Caso elas não aconteçam, deixa a questão em branco.

a) Cantar o Hino Nacional: _____

b) Atividade esportiva ou recreação: _____

c) Aula de Arte: _____

d) Leitura: _____

O ano

Trinta dias tem novembro,
Abril, junho e setembro.
Vinte e oito só tem um,
Os demais têm trinta e um.

Parlenda.

Atividades

1 Escreva, no calendário a seguir, os nomes dos meses do ano.

junho – setembro – maio – outubro – janeiro – dezembro –
fevereiro – julho – agosto – março – novembro – abril

2016

DOM	SEG	TER	QUA	QUI	SEX	SAB
					1	2
3	4	5	6	7	8	9
10	11	12	13	14	15	16
17	18	19	20	21	22	23
24	25	26	27	28	29	30
31						

DOM	SEG	TER	QUA	QUI	SEX	SAB
	1	2	3	4	5	6
7	8	9	10	11	12	13
14	15	16	17	18	19	20
21	22	23	24	25	26	27
28	29					

DOM	SEG	TER	QUA	QUI	SEX	SAB
		1	2	3	4	5
6	7	8	9	10	11	12
13	14	15	16	17	18	19
20	21	22	23	24	25	26
27	28	29	30	31		

DOM	SEG	TER	QUA	QUI	SEX	SAB
					1	2
3	4	5	6	7	8	9
10	11	12	13	14	15	16
17	18	19	20	21	22	23
24	25	26	27	28	29	30

DOM	SEG	TER	QUA	QUI	SEX	SAB
1	2	3	4	5	6	7
8	9	10	11	12	13	14
15	16	17	18	19	20	21
22	23	24	25	26	27	28
29	30	31				

DOM	SEG	TER	QUA	QUI	SEX	SAB
			1	2	3	4
5	6	7	8	9	10	11
12	13	14	15	16	17	18
19	20	21	22	23	24	25
26	27	28	29	30		

DOM	SEG	TER	QUA	QUI	SEX	SAB
					1	2
3	4	5	6	7	8	9
10	11	12	13	14	15	16
17	18	19	20	21	22	23
24	25	26	27	28	29	30
31						

DOM	SEG	TER	QUA	QUI	SEX	SAB
	1	2	3	4	5	6
7	8	9	10	11	12	13
14	15	16	17	18	19	20
21	22	23	24	25	26	27
28	29	30	31			

DOM	SEG	TER	QUA	QUI	SEX	SAB
			1	2	3	
4	5	6	7	8	9	10
11	12	13	14	15	16	17
18	19	20	21	22	23	24
25	26	27	28	29	30	

DOM	SEG	TER	QUA	QUI	SEX	SAB
						1
2	3	4	5	6	7	8
9	10	11	12	13	14	15
16	17	18	19	20	21	22
23	24	25	26	27	28	29
30	31					

DOM	SEG	TER	QUA	QUI	SEX	SAB
		1	2	3	4	5
6	7	8	9	10	11	12
13	14	15	16	17	18	19
20	21	22	23	24	25	26
27	28	29	30			

DOM	SEG	TER	QUA	QUI	SEX	SAB
				1	2	3
4	5	6	7	8	9	10
11	12	13	14	15	16	17
18	19	20	21	22	23	24
25	26	27	28	29	30	31

2 Faça a correspondência entre as colunas.

a) ano bissexto ☐ mês com 28 ou 29 dias

b) fevereiro ☐ meses com 30 dias

c) abril, junho, setembro, novembro ☐ período do tempo dividido em 12 meses

d) janeiro, março, maio, julho, agosto, outubro, dezembro ☐ divisão do ano cujo período é de 6 meses

e) semestre ☐ ano com 366 dias

f) ano ☐ meses com 31 dias

3 Escreva as informações pedidas levando em consideração o calendário do ano atual.

a) Ano: _____

b) Semestre: _____

c) Mês: _____

d) Dia: _____

e) Dia e mês de seu aniversário: _____

f) Dia da semana de seu aniversário: _____

4 Responda:
a) No ano atual, quantos dias tem o mês de fevereiro?

_____

b) Este é um ano bissexto? Por quê?

_____

_____

Medida de comprimento

Para medir comprimentos, a unidade de medida padrão é o metro (símbolo: **m**). Para comprimentos menores que um metro podemos utilizar os centímetros (símbolo: **cm**) e para comprimentos maiores que 1 000 metros podemos utilizar o quilômetro (símbolo: **km**).

Atividades

1 Circule a resposta correta para responder a cada questão.

a) Quantos centímetros há em 1 metro?

   10 cm   1000 cm   100 cm

b) Quantos centímetros há em meio metro?

   50 cm   5 cm   500 cm

c) Que unidade de medida seria ideal para medirmos a altura de um prédio?

   cm   m   km

d) Que unidade de medida seria ideal para medirmos as distâncias em uma estrada?

   cm   m   km

2 Que tal medir seu corpo? Com o auxílio de uma fita métrica, escreva as medidas pedidas a seguir.

a) Comprimento de seu pé: _____

b) Comprimento de sua perna: _____

c) Comprimento de seu braço: _____

d) Sua altura: _____

3 Observe estes instrumentos e informe qual deles cada profissional a seguir costuma utilizar em seu ofício.

a) Desenhista: _____

b) Pedreiro: _____

c) Costureira: _____

4 Escreva as distâncias a seguir em centímetros.

a) A distância entre a casa de Ivo e a escola é de 75 metros, e da casa de Pedro até a escola é de 96 metros. Complete.

- 75 metros = _____ centímetros

- 96 metros = _____ centímetros

b) A distância entre a casa de Kátia e o Rio Xingu é de um 1 quilômetro. Ela já percorreu 800 metros. Quantos metros faltam para ela chegar ao rio?

Resposta: _____

5 Complete as frases com a unidade de medida mais adequada: **cm**, **m** ou **km**.

a) O palmo da mão de João mede 22 _____.

b) Carlos comprou 3 _____ de tecido para fazer a capa da poltrona.

Medida de capacidade

Para medir a capacidade de um recipiente, a unidade de medida padrão é o litro (símbolos: **L** ou **ℓ**). Um litro equivale a 1 000 mililitros (símbolo: **mL**).

Atividades

1 Escreva 5 itens que são comprados por litro.

_____

_____

2 Resolva os desafios.

a) Cada copo a seguir equivale a 200 ml. Circule quantos copos são necessários para encher uma jarra de 1 litro.

DenisNata/Shutterstock

b) Cada pote de extrato de tomate a seguir tem 250 ml. Circule quantos potes são necessários para fazer 2 litros de molho.

Perutskyi Petro/Shutterstock

3 Pinte a embalagem que indica meio litro de suco.

4 Ligue as colunas de forma que as frases fiquem corretas.

a) A distância da mesa de Maria à porta é de ● ● meio litro de leite.

b) Diva bebeu ● ● 5 km por dia.

c) Papai abasteceu o carro com ● ● 45 cm.

d) Renata corre ● ● 35 litros de gasolina.

5 Resolva os problemas a seguir.

a) Para fazer 1 queijo de minas são utilizados 5 litros de leite. Quantos litros serão necessários para fazer 15 queijos?

Resposta: _____

b) Em um filtro cabem 36 litros de água. Já foi consumido um terço dessa capacidade. Quantos litros já foram utilizados? Quantos litros ainda estão armazenados?

Resposta: _____

Medida de massa

Para medir a massa (ou "peso") de pessoas, alimentos e objetos, a unidade de medida padrão é o quilograma ou quilo (símbolo: **kg**). A grama (símbolo: **g**) é a menor unidade-padrão. Já a tonelada (símbolo: **t**) é a unidade-padrão para massas a partir de 1 000 kg.

O elefante é muito pesado.

Sim, ele pesa toneladas!

Atividades

1 Faça a correspondência correta entre as colunas.

a) quilo ●

b) grama ●

c) tonelada ●

g

t

kg

2 Circule o peso aproximado do animal.

Photok.dk/Shutterstock

a) 3 kg

b) 3 g

c) 3 t

3 Calcule: Se 1 quilo tem 1 000 gramas, quantos gramas há em meio quilo?

_____

4 Escreva o nome de cinco produtos comprados por quilo.

_____

_____

5 Transforme o peso indicado nas embalagens em gramas.

a) _____ b) _____ c) _____

6 Circule as embalagens para formar 1 quilo.

a)

b)

7 Para plantar uma muda, um jardineiro utiliza 500 g de terra. Quantos gramas de terra ele utilizará para plantar 8 mudas?

Resposta: _____ .

Um pouco mais de sistema de numeração

Atividades

1 Escreva a quantidade representada pelo Material Dourado.

a)

b)

c)

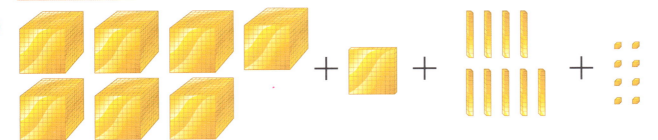

d)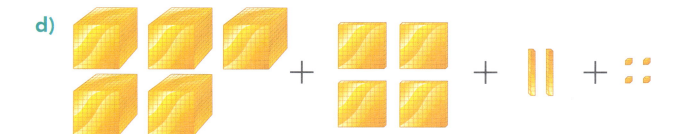

_____

2 Organize os números a seguir em ordem crescente.

| 5 231 | 9 304 | 2 096 | 7 811 | 4 567 |

| 8 650 | 1 472 | 6 523 | 3 786 |

_____

3 Complete a tabela de acordo com o exemplo.

Número	Quantidade de ordens	Unidade de milhar	Centenas	Dezenas	Unidades
2 621	4	2	6	2	1
3 970					
5 286					
652					
97					

4 Escreva o antecessor e o sucessor de cada número a seguir.

a) _____ 2 738 _____   d) _____ 5 630 _____

b) _____ 7 400 _____   e) _____ 8 556 _____

c) _____ 3 829 _____   f) _____ 4 119 _____

5 Escreva por extenso os três menores números da atividade anterior.

a) _____

b) _____

c) _____

Revisando o sistema de numeração decimal

Atividades

1 Em cada questão, descubra qual é a sequência correta e complete-a.

a) 1 000	1 001	1 002				1 006
b) 2 230	2 232		2 236	2 238		
c) 5 453		5 459			5 468	
d) 6 365			6 380			6 395
e) 8 010				8 050		
f) 9 300		9 500			9 800	

2 Escreva números com:

a) 2 algarismos, que sejam pares e tenham o algarismo 2 na ordem das dezenas.

_____

b) 3 algarismos, que sejam ímpares e tenham o algarismo 9 na ordem das centenas.

_____

c) 3 algarismos e que tenham o algarismo 1 na ordem das centenas e o 3 na ordem das unidades.

_____

d) 2 algarismos e tenham o algarismo 5 na ordem das unidades.

_____

e) 2 algarismos, que sejam ímpares e tenham o algarismo 7 na ordem das dezenas.

_____

3 Escreva por extenso os números a seguir.

a) 34 _____

b) 660 _____

c) 2 158 _____

d) 9 972 _____

e) 429 _____

f) 5 000 _____

4 Observe os números a seguir e responda às questões.

A – 625	B – 64	C – 6 210	D – 6

a) Qual desses números tem 4 ordens?

_____

b) Qual desses números tem o algarismo 6 na ordem das centenas?

_____

c) Qual desses números tem 2 ordens?

_____

d) Qual é o valor do número 6 na placa B?

_____

e) Qual é o valor do número 2 na placa A?

_____

f) Em qual placa o número 2 representa mais unidades? Quantas unidades são?

_____

5 Agora, represente os números da atividade anterior nos quadros de valor de lugar.

a)

UM	C	D	U

c)

UM	C	D	U

b)

UM	C	D	U

d)

UM	C	D	U

Geometria

Formas geométricas não planas

Formas geométricas não planas ou **figuras geométricas espaciais** são formas que ocupam espaço e têm três dimensões. Também são chamadas de sólidos geométricos ou figuras tridimensionais.

Atividades

1 Pinte a figura que apresenta superfície curva.

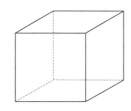
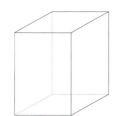
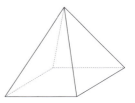

2 Observe as palavras dos quadros e escreva o nome de cada parte indicada no cubo.

face

aresta

vértice

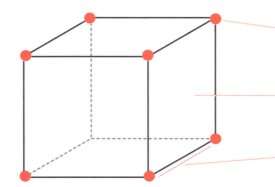

3 Escreva o nome da forma geométrica não plana com a qual estes objetos se parecem.

cone   cilindro   pirâmide   esfera   paralelepípedo   cubo

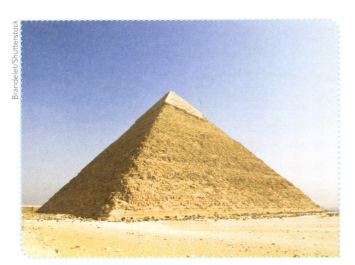

a) _____

c) _____

b) _____

d) _____

4 Observe a forma geométrica a seguir e complete os itens.

a) número de faces _____

b) número de arestas _____

c) número de vértices _____

Retas e curvas

Atividades

1 Observe a imagem e assinale o tipo de linha usado para desenhar a amarelinha.

a) ☐ linhas retas   **b)** ☐ linhas curvas

2 Ligue um ponto ao outro formando segmentos de reta.

● ● ● ● ● ● ● ● ● ●

3 Observe o animal a seguir. Depois, trace uma linha curva de um ponto a outro de modo que se assemelhe à carapaça do jabuti.

Pan Xunbin/Shutterstock

●   ●

4 Faça a correspondência entre as colunas.

a) curva aberta simples ●

b) curva aberta não simples ●   ● tem cruzamento

c) curva fechada simples ●   ● não tem cruzamento

d) curva fechada não simples ●

5 Classifique estas linhas curvas abertas em simples e em não simples.

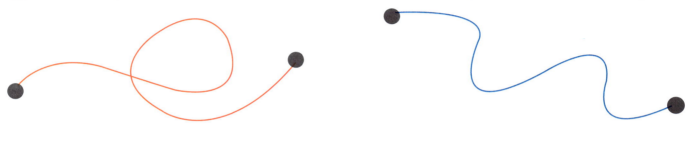

6 As crianças estão brincando de Coelho na toca. Desenhe linhas curvas fechadas simples para representar a toca para onde cada criança deve correr.

7 Pinte as curvas fechadas não simples.

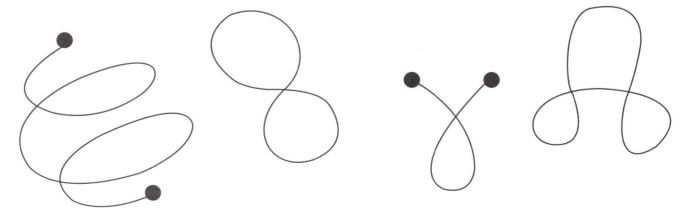

Polígonos

Polígonos são formas geométricas planas formadas por segmentos de reta simples.

Vamos ler

Festa geométrica

Para o baile do quadrado
nenhum círculo foi convidado,
Tem quadrada, quadradinho e monte de quadrados
porque nessa festa só entra quem tem o mesmo tamanho nos
[quatro lados.

Um triângulo tentou,
um losango também.
Um hexágono se apresentou,
Pense, pense, pense bem...
Qual desses três conseguiu entrar
e dessa festa participar?

Renata Bueno. *Poemas problemas*. São Paulo: Editora do Brasil, 2011. p. 35.

Atividades

1 Os polígonos a seguir foram citados no poema. Escreva o nome deles e pinte somente aquele que conseguiu entrar no baile.

a) _____

b) _____

c) _____

d) _____

e) _____

2 Desenhe um retângulo e, depois, responda às questões a seguir.

■ O retângulo entraria no baile do quadrado? Por quê?

_____

> Os polígonos têm lados e vértices.

3 Conte os lados dos polígonos a seguir, escreva os números nos espaços indicados e ligue cada polígono a sua classificação correta.

a)

_____ lados ●

● Pentágono: polígono com 5 lados.

b)

_____ lados ●

● Quadrilátero: polígono com 4 lados.

c)

_____ lados ●

● Triângulo: polígonos com 3 lados.

d)

_____ lados ●

● Hexágono: polígono com 6 lados.

4 Conte e escreva quantos vértices tem cada polígono.

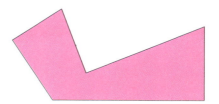

a) _____ vértices

b) _____ vértices

Vivemos em comunidades

Atividades

1 Marque um **X** na definição correta da palavra **comunidade**.

a) ☐ Comunidade é uma pessoa que vive só.

b) ☐ Comunidade é um grupo de pessoas que partilham algo em comum, como crença, objetivos, costumes, espaço geográfico, governo, tradição, profissão etc.

2 Circule o nome da primeira comunidade de que você fez parte.

familiar   escolar   religiosa

3 Você faz parte de mais alguma comunidade? Qual?

_____

_____

4 Encontre no diagrama o nome de algumas comunidades e complete as frases com eles.

K	P	R	O	F	I	S	S	I	O	N	A	L	N
E	C	E	P	E	J	G	E	S	E	T	N	A	N
S	U	L	R	F	A	M	I	L	I	A	R	R	G
C	M	I	T	A	O	M	V	H	Ç	O	H	D	T
O	P	G	S	L	U	O	G	L	J	U	I	T	Y
L	N	I	A	S	A	M	I	G	O	S	M	B	E
A	N	O	W	D	R	L	S	S	I	N	E	D	T
R	H	S	M	X	N	A	R	E	L	C	A	M	O
W	L	A	G	V	I	Z	I	N	H	A	N	Ç	A

a) Comunidade _____ é o grupo de pessoas unidas por laços de sangue, adoção ou afinidade.

b) O grupo de pessoas com o objetivo de estudar e aprender forma a comunidade _____.

c) A comunidade de _____ é formada por um grupo de pessoas ligadas por afetividade e carinho, mas não é uma família.

d) A união pela mesma crença, em termos religiosos, forma a comunidade _____.

e) O grupo de pessoas que mora no mesmo bairro, rua ou condomínio forma a comunidade da _____.

f) O grupo de pessoas que forma a comunidade _____ é unido por motivos de trabalho, seja na mesma empresa, em associações etc.

5 Ligue as palavras dos quadros às suas respectivas definições.

leis

• Regras não escritas.

costumes

• Normas estabelecidas por autoridades para regular a vida das pessoas que vivem em comunidade.

Outras comunidades: o município

O município é uma parte do estado.
As pessoas que moram em um município formam a comunidade municipal.

Atividades

1 Ligue a palavra **município** ao significado dela.

município

●Divisão administrativa dos bairros.

●Divisão administrativa dos estados brasileiros.

2 Pinte o nome dado aos habitantes de um município.

vereadores

munícipes

3 Elimine as letras **A**, **D**, **M**, **U**, desembaralhe as letras restantes e descubra quem governa o município.

| P | A | R | E | M | F |
| E | U | I | D | T | O |

_____

Muitos municípios são formados por zona urbana e zona rural, denominados de municípios mistos. Existem também municípios totalmente urbanos e outros totalmente rurais.

4 Encontre no diagrama duas palavras que completam corretamente as frases a seguir.

X	C	I	D	A	D	E	E
O	U	H	S	W	E	I	D
M	C	A	M	P	O	R	T
D	A	D	E	P	C	A	M

a) A zona mais urbanizada de um município é denominada

_____ .

b) A zona rural, também chamada de _____ , é formada por sítios, chácaras e fazendas.

5 Responda às questões a seguir.

a) Qual é o nome do município onde você nasceu? Atualmente você mora nesse município?

_____

b) Como é classificado o município onde você vive? Se for misto, em que zona você mora?

_____

A todas as pessoas é dado um adjetivo pátrio ou gentílico que se refere ao município onde elas nasceram. Por exemplo: quem nasce em Recife é recifense.

6 Pesquise qual é o adjetivo pátrio dado às pessoas que nascem em seu município e complete a frase:

■ Nasci em _____ , portanto sou _____ .

A comunidade municipal e sua organização

Vamos ler

O reizinho mandão

[...]
Como esse rei
era rei de história,
era um rei muito bonzinho,
muito justo...
E tudo o que ele fazia
era pro bem do povo.
[...]

Ruth Rocha. *O reizinho mandão*. São Paulo: Quinteto Editorial, 1997. p. 7.

Em toda comunidade existe lideranças, governantes. Na comunidade municipal quem governa é o prefeito, com o auxílio da Câmara Municipal, que é formada pelos vereadores.
O prefeito e os vereadores devem trabalhar em benefício do povo.

Atividades

1 Complete as frases com as palavras que estão nos quadros.

prefeito   vereadores

a) Os _____ elaboram as leis do município.

b) O _____ administra o município. Ele é responsável pela execução das leis municipais.

2 Escreva **C** para indicar as frases certas e **E** para indicar as erradas.

a) ☐ O prefeito e os vereadores são eleitos pelos votos da população do município.

b) ☐ O prefeito trabalha na Câmara.

c) ☐ As leis municipais são aplicáveis em todo o país.

d) ☐ As leis municipais são regras de convivência do município.

e) ☐ É por meio da eleição que se escolhe o prefeito e os vereadores.

3 Qual é o nome do prefeito e do vice-prefeito de seu município?

a) Prefeito _____

b) Vice-prefeito _____

4 Use a letra **A** para classificar os **direitos** do cidadão e a letra **B** para indicar os **deveres** dele.

a) ☐ Saúde.

b) ☐ Pagar as contribuições e impostos.

c) ☐ Igualdade perante a lei.

d) ☐ Respeitar as leis.

e) ☐ Moradia.

f) ☐ Exercer os direitos e exigir que eles sejam cumpridos.

g) ☐ Educação.

h) ☐ Preservar o patrimônio público.

i) ☐ Transporte público de qualidade.

Votar é um **direito** e um **dever** do cidadão.

Outras comunidades: indígenas

São muitas as comunidades indígenas no Brasil. Cada uma com língua, costumes, regras de convivência e manifestações culturais próprias. Cada povo tem sua organização.

Atividades

1 Leia as afirmações e circule apenas as corretas.

a) As comunidades indígenas são diferentes entre si.

b) Todos os povos indígenas falam a mesma língua.

c) Os costumes indígenas variam de acordo com o povo, embora muitos sejam semelhantes.

d) No Brasil existem muitas comunidades indígenas.

As terras que hoje formam o Brasil já eram habitadas quando, em abril de 1500, os portugueses chegaram aqui.
Os nativos dessas terras foram chamados de indígenas. Muitos dos hábitos e costumes desses povos influenciaram nossa maneira de viver e são preservados até hoje.

2 Marque um **X** na alternativa correta.

a) Povo que, em 1500, habitava o território que hoje forma o Brasil.

☐ Indígenas.

☐ Chineses.

☐ Portugueses.

b) A palavra **nativo** significa:

☐ pessoa que vai morar em outro lugar.

☐ pessoa nascida ou natural de um lugar.

3 Ligue as palavras dos quadros às suas respectivas definições.

ancestrais

● Que têm origem em determinada família, etnia, nação etc.

descendentes

● Antepassados, antecessores, avós.

4 Utilize as palavras da atividade anterior para completar as frases corretamente.

a) Os indígenas que vivem hoje no Brasil são _____ dos indígenas nativos.

b) Os indígenas que viveram no Brasil em 1500 são _____ dos indígenas que vivem hoje no Brasil.

5 Sublinhe a razão que levou os europeus a chamarem de "índios" os habitantes da nova terra.

a) Quando chegaram à América, os europeus pensaram ter chegado às Índias.

b) Os habitantes nativos da América se pareciam com índios.

Indígenas: conhecendo um pouco mais

No Brasil, atualmente, existem cerca de 230 povos indígenas que falam, pelo menos, 180 línguas diferentes. Muitos desses povos procuram manter vivas suas tradições.

Atividades

1 Circule as frases que citam algumas tradições indígenas.

a) Tomar banho várias vezes ao dia.

b) Ir ao cinema.

c) Tratar doenças com ervas naturais.

d) Fazer comemorações com rituais, danças, cantos.

e) As crianças brincam desenvolvendo atividades que deverão desempenhar na vida adulta.

f) Os homens saem para caçar em grupos.

Não se deixa de ser indígena por viver em uma sociedade moderna, tendo acesso à tecnologia, à universidade etc.
A cultura indígena faz parte da essência da pessoa.

Vamos ler

Quem faz o quê?

É bastante comum, entre os povos indígenas, uma divisão das tarefas entre homem e mulher. Isto significa que existem atividades que são feitas somente pelas mulheres e outras, somente pelos homens. [...]

É importante dizer que as atividades feitas por cada um dos gêneros (feminino ou masculino) se completam, pois juntas garantem a qualidade de vida de toda a comunidade. [...]

Povos Indígenas no Brasil Mirim. Disponível em: <http://pibmirim.socio ambiental.org/como-vivem/quem-faz-o-que>. Acesso em: abr. 2015.

2 Ligue as colunas para indicar quem faz as atividades a seguir.

a) Caçar. ●

b) Procurar lenha. ●

c) Colher frutos. ●

d) Pescar. ●

e) Preparar alimentos. ●

f) Plantar. ●

g) Preparar o terreno para plantar. ●

mulheres

homens

3 Pinte os quadros que apresentam brincadeiras e brinquedos de influência indígena.

Perna de pau	Video game	Arco e flecha
Peteca	Bicicleta	Pião

4 Muitas palavras da nossa língua são de origem indígena, como as que estão na coluna à esquerda. Faça a correspondência entre elas e seus respectivos significados.

a) jururu

b) mutirão

c) mirim

pequeno

tristonho

trabalho em comum

5 Pesquise e escreva no caderno o nome de dois produtos agrícolas que eram cultivados pelos nativos antes de os europeus chegarem às terras que hoje formam o Brasil.

Outras comunidades: quilombolas

Vamos ler

Do quilombo ao quilombola

Quilombola. Você já ouviu essa palavra? Sabe o que significa? Lendo-a em voz alta, você vai ver que ela é gostosa de pronunciar e que parece com outra que você talvez já tenha ouvido: quilombo – um termo usado, no tempo em que o Brasil era um império, para falar das comunidades de negros fugidos da escravidão. Hoje não temos mais imperador nem escravos, mas os quilombolas – aqueles que pertencem às comunidades negras rurais remanescentes de quilombos – estão aí, e têm novas histórias para contar! [...]

Flávio Gomes e Regina Célia de Oliveira. Do quilombo ao quilombola.
In: *Revista Ciências Hoje das Crianças,* n. 240, ano 25. Rio de Janeiro: 2012. p. 3.

Atividades

1 Releia o texto acima e retire dele as palavras que completam as informações a seguir.

a) _____ é o termo usado no Brasil para se referir à comunidade de escravos fugidos; era o lugar onde eles procuravam manter suas tradições, como leis, festas e religião.

b) _____ é o termo usado para se referir às comunidades negras rurais remanescentes dos quilombos.

c) _____ é o termo usado para se referir ao que restou, ao que ficou.

d) _____ é o termo usado para se referir a um regime social em que pessoas eram exploradas na utilização de sua força no trabalho, sem liberdade e sem pagamento.

Quando os portugueses iniciaram o cultivo de produtos agrícolas nas terras que hoje formam o Brasil, eles trouxeram africanos para trabalhar como escravos nessas lavouras.

2 Marque um **X** nas alternativas corretas.

a) País responsável pela escravidão no Brasil.

☐ Japão   ☐ Argentina   ☐ Portugal

b) Cultura agrícola para produção do açúcar.

☐ Cana-de-açúcar   ☐ Café   ☐ Feijão

c) Comunidades formadas por escravos que fugiam do trabalho forçado.

☐ Igrejas   ☐ Quilombos   ☐ Hotel

d) Um dos quilombos mais conhecidos.

☐ Palmares   ☐ Coqueiros   ☐ Zumbi

e) Grande líder dos escravos, também chamado de rei, e atualmente homenageado como símbolo de resistência.

☐ Ganga   ☐ Zamba   ☐ Zumbi

3 Pinte no mapa do Brasil atual o lugar onde se localizava o Quilombo dos Palmares.

Brasil: estados

© DAE/Sonia Vaz

Fonte: *Atlas geográfico escolar*. Rio de Janeiro: IBGE, 2012. p. 90.

Quilombolas: conhecendo um pouco mais

Vamos ler

Levantamento feito pela Fundação Cultural Palmares, órgão do Ministério da Cultura, aponta a existência de 1 209 comunidades remanescentes de quilombos certificadas e 143 áreas com terras já tituladas.

Marco Antônio Sá/Pulsar Imagens

Existem comunidades remanescentes de quilombos em quase todos os estados, exceto no Acre, Roraima e no Distrito Federal. Os que possuem o maior número de comunidades remanescentes de quilombos são Bahia (229), Maranhão (112), Minas Gerais (89) e Pará (81).

Disponível em: <http://portal.mec.gov.br/index.php?option=com_content&view=article&id=12396&Itemid=684>. Acesso em: jun. 2015.

Atividades

1 O texto apresenta uma homenagem a um dos símbolos da resistência dos escravos ao regime a que eram submetidos. Escreva-a.

_____

2 No estado onde você mora há comunidades remanescentes de quilombos? Se a resposta for sim, pesquise e escreva o nome dela.

_____

A África é um continente, portanto os africanos que aqui chegaram vieram de vários países. Eram povos com costumes, línguas e tradições diferentes; porém, os portugueses não respeitavam essas diferenças, tratando a todos como se fossem de um só país, de um só grupo.

3 Escreva **V** nas afirmações verdadeiras e **F** nas falsas.

a) ☐ Banzo, palavra de origem africana que significa "estar triste, pensativo".

b) ☐ Os africanos falavam a mesma língua.

c) ☐ Os escravos buscavam a liberdade e por isso tentavam fugir.

d) ☐ Os africanos e seus descendentes resistiram a abandonar suas tradições, contribuindo, assim, para o enriquecimento da nossa cultura.

e) ☐ Os portugueses respeitavam os negros como empregados, garantindo a eles direitos e salários.

f) ☐ O Quilombo dos Palmares foi o quilombo mais famoso do Brasil e tinha Zumbi como seu líder.

g) ☐ Atualmente as comunidades quilombolas são comunidades organizadas, com identidade própria, que preservam as tradições de seus antepassados.

4 Observe as imagens e circule os instrumentos de origem africana.

ermess/Shutterstock

G. Evangelista/ Opção Brasil Imagens

Nikolai Sorokin/ Dreamstime.com

Alno/Wikimedia Commons

a) atabaque   b) berimbau   c) violão   d) agogô

A influência africana está presente em muitos aspectos de nossa cultura.

5 Pesquise e escreva as informações a seguir.

a) Duas comidas de origem africana.

_____

b) Dois ritmos musicais de origem africana.

_____

c) Duas palavras de origem africana.

_____

Como nossa história começou: povoados e vilas

Quando os portugueses chegaram a nosso território, iniciaram a exploração do pau-brasil, uma árvore cuja madeira era considerada valiosa para eles, pois era de onde se extraía uma tinta vermelha muito comercializada na Europa.

Detalhe do mapa de Jean Rotz publicado na obra *Boke of Idrography*, 1542. Na imagem vemos indígenas trabalhando na extração do pau-brasil.

Lopo Homem, Pedro Reinel e Jorge Reinel. *Atlas Miller*, c. 1519. Biblioteca Nacional, Paris, França.

Atividades

1 Observando a imagem, quem retira a madeira da floresta?

_____

2 Qual era a utilidade dessa madeira?

_____

_____

_____

Três décadas após o início da exploração do pau-brasil, Portugal decidiu trazer mais portugueses para nosso território, dessa forma eles protegiam a terra e garantiam sua posse. Oficialmente, em 22 de janeiro de 1532, foi fundada a primeira vila: São Vicente. Muitas outras vilas foram fundadas depois.

Museu Paulista, São Paulo

Benedito Calixto. *Fundação de São Vicente*, 1900. Óleo sobre tela, 3,85 × 1,92 m.

3 Sublinhe a informação que corresponde a cada definição.

a) O nome do fundador da Vila de São Vicente.
- Pedro Álvares Cabral.
- Martim Afonso de Souza.

b) Razão pela qual as primeiras vilas eram localizadas no litoral.
- Era por onde chegavam os portugueses.
- Porque os indígenas gostavam de tomar sol.

4 Pesquise três vilas ou cidades fundadas nesse período e escreva o nome delas a seguir.

Salvador, primeira capital

Proteger e colonizar as terras que hoje formam o Brasil foi uma tarefa difícil para o rei de Portugal. No ano de 1549, D. João III, rei de Portugal, criou o governo-geral e transformou Salvador na capital do Brasil.

John Carter Brown/Universidade Brown, Providence

Você sabia que a cidade de Salvador começou com o Arraial do Pereira, que se tornou Vila Velha, depois São Salvador da Bahia de Todos os Santos para, enfim, receber o nome de Salvador?

Vista da Baía de Todos os Santos e da cidade de São Salvador. Gravura publicada no *Livro de viagem ao Reino Brasileiro, Rio da Prata e Estreito de Magalhães*, de N.V.G. (provavelmente Nicolas van Geelkercken), 1624.

Atividades

1 Organize as sílabas para encontrar o nome que corresponde a cada informação.

a) Nome do primeiro povoamento que existia onde foi fundada a cidade de Salvador.

| AR | AL | RAI | DO | RA | PE | REI |

Resposta: _____

b) Primeiro governador-geral do Brasil.

| MÉ | TO | DE | SA | SOU |

Resposta: _____

c) Nesse período, o Brasil era _____ de Portugal.

| LÔ | CO | NIA |

2 Faça a correspondência entre as colunas.

a) engenho ☐ Plantações de cana-de-açúcar.

b) senzala ☐ Região pertencente a um país fora do seu âmbito geográfico.

c) canaviais ☐ Local onde era produzido o açúcar.

d) colônia ☐ Conjunto de casas ou alojamento que se destinava aos escravos.

3 Você já sabe quando Salvador foi fundada. Agora, calcule quantos anos a cidade tem hoje.

_____

4 E sua cidade, quantos anos tem? Pesquise e escreva a seguir.

_____

5 Marque um **X** nas fotografias que mostram pontos turísticos da cidade de Salvador atualmente.

Farol da Barra.

Elevador Lacerda.

Cristo Redentor.

Monumento à Cidade de Salvador.

Planalto Central.

Forte São Marcelo.

De vilas a cidades

No Período Colonial, assim como Salvador, muitas cidades tiveram origem em vilas.

Oscar Pereira da Silva. *Fundação de São Paulo*, 1909. Óleo sobre tela, 1,85 × 3,40 m.

Museu Paulista, São Paulo

Atividades

1 Circule as informações corretas sobre as cidades no Período Colonial.

a) Para uma vila ser considerada cidade, ela deveria ter como moradores:

juiz   bispo   cantor

tenista   cobrador de impostos   capitão da guarda

b) Edificações que simbolizavam poder:

cadeia   cinema   igreja

pelourinho   casa da câmara   *shopping*

2 Faça a correspondência entre as colunas.

a) casa da câmara •   • Coluna de pedra ou madeira que servia para afixar leis. Também era o lugar de castigo dos escravos.

b) cadeia •   • Sede da administração; local onde todas as decisões políticas eram tomadas.

c) pelourinho •   • Construção de alvenaria com uma ou duas bicas por onde jorrava água para uso da população.

d) chafariz •   • Casa de detenção, prisão.

3 Observe a imagem e pinte o nome da construção que ela representa.

a)

pelourinho

cinema

Cesar Diniz/Pulsar Imagens

b)

Luciana Whitaker/Pulsar Imagens

engenho

chafariz

4 Durante o Período Colonial muitas vilas e cidades foram fundadas, porém, além de Salvador, só uma era de fato uma cidade. Pesquise e escreva o nome dela a seguir.

Municípios: diferentes paisagens

Os municípios não são iguais. Um município pode apresentar diferentes paisagens que, por sua vez, podem apresentar elementos naturais e elementos culturais.

Praia de Copacabana, no Rio de Janeiro, RJ.

Floresta da Tijuca, no Rio de Janeiro, RJ.

Morro do Alemão, no Rio de Janeiro, RJ.

Atividades

1 Pinte o quadro da frase que apresenta o melhor conceito de paisagem.

a) ☐ Retrato ou cena de um lugar percebido apenas pela nossa visão.

b) ☐ As paisagens são compostas de elementos que podem ser percebidos por meio dos nossos diversos sentidos.

2 Circule as afirmações verdadeiras.

a) As paisagens com predomínio de vegetação nativa, rios e montanhas são denominadas paisagens naturais.

b) Todas as cidades apresentam paisagens iguais.

c) Na maioria das vezes, um município é composto de área rural e de área urbana.

d) O espaço urbano é caracterizado pela concentração de moradias, predomínio de atividades comerciais e menor número de elementos naturais, se comparado com o espaço rural.

3 Ligue cada palavra a seu significado.

a) bairro ●   ● Local onde se transforma um produto.

b) fábrica ●   ● Espaço de um município.

4 Além do bairro onde você mora e do bairro em que está localizada sua escola, escreva o nome de outros bairros de seu município.

_____

_____

_____

5 Pinte o quadro que apresenta o tipo de construção predominante no bairro onde você mora.

comércio e serviços	fábricas	residências

6 Marque com um **X** uma ou mais características de seu município.

a) ☐ Há praias.   d) ☐ É grande.

b) ☐ Há montanhas.   e) ☐ É pequeno.

c) ☐ Há áreas rurais.   f) ☐ É médio.

7 Pesquise o número de habitantes de seu município.

_____

8 Observe as imagens e classifique-as em paisagem natural ou paisagem modificada.

a) _____ b) _____ c) _____

A cidade e suas atividades econômicas

O comércio, a indústria, os serviços – como bancos, hospitais, cinemas, correios e outros – são atividades econômicas de uma cidade.

Atividades

1 Encontre no diagrama as palavras que completam corretamente as frases a seguir.

F	H	I	N	D	Ú	S	T	R	I	A	T	V	G
D	C	O	M	É	R	C	I	O	J	S	B	M	A
M	É	D	I	C	O	S	A	L	V	E	R	F	R
O	C	F	A	U	X	I	L	I	A	R	X	B	I
R	P	B	U	C	A	R	T	E	I	R	O	S	S
T	R	A	N	S	F	O	R	M	A	Ç	Ã	O	M
B	I	B	L	I	O	T	E	C	Á	R	I	O	S

a) É na _____ que ocorre a _____ da matéria-prima em outros produtos.

b) Podemos chamar de _____ a atividade de compra, venda e troca de mercadorias.

c) O objetivo dos prestadores de serviço é _____ ou atender as pessoas, como os _____, os _____ e os _____, que são responsáveis pela coleta de lixo da cidade. Outros profissionais trabalham na área da saúde, como os _____.

2 Observe as imagens e classifique-as em matéria-prima ou produto industrializado.

3 Associe cada palavra ao seu significado pintando da mesma cor os quadros que se correspondem.

a) comerciante	Pessoa que compra mercadorias ou produtos.
b) operário	Proprietário de estabelecimento que vende mercadorias ou produtos.
c) comerciário	Trabalhador manual nas grandes indústrias.
d) consumidor	Funcionário do comerciante, pessoa que vende o produto.

4 Escreva no caderno outros prestadores de serviço que há na cidade em que você mora.

A vida na cidade

Normalmente, as cidades crescem e se transformam de acordo com as necessidades de seus habitantes. Com o aumento da população pode haver, por exemplo, a necessidade de construir mais moradias, oferecer mais serviços públicos, aumentar o número de veículos etc.

Mesmo em expansão, muitas cidades conservam prédios, monumentos e ruas antigas, que ajudam a contar um pouco da história do lugar.

Praça Raul Soares em 1938. Belo Horizonte, MG.

Praça Raul Soares em 2012. Belo Horizonte, MG.

Atividades

1 Marque um **X** no quadrinho da imagem que mostra um município que cresceu em desenvolvimento urbano.

Área rural da cidade de Campestre, MG.

Bairro Parnamirim em Natal, RN.

Todas as cidades, representadas pelos elementos de suas paisagens, construções ou monumentos, têm características que contam a história de sua fundação, da formação de um bairro, de um momento histórico marcante na formação do espaço.

2 Você conhece alguma construção, monumento ou outros elementos que trazem informações sobre a história de sua cidade? Escreva-os.

_____

_____

3 Sublinhe a definição de saneamento básico.

a) Ações básicas para oferecer aos moradores a mínima estrutura necessária e adequada para a higiene e para uma condição de vida saudável.

b) Ações básicas para melhorar o transporte.

4 Marque um **X** nos quadrinhos das ações que fazem parte do saneamento básico.

a) ☐ Coleta de lixo.

b) ☐ Fornecimento de água tratada.

c) ☐ Iluminação.

d) ☐ Tratamento de esgoto.

5 A água do solo, dos rios, dos lagos e da chuva pode ser consumida diretamente pela população? Por quê?

_____

_____

6 Organize as palavras a seguir e forme uma frase que mostra um direito de todo cidadão.

| proteja. | Ter | moradia | uma | nos | que |

_____

_____

O crescimento urbano

Não vá pensar que não gosto
da **cosmopolita** cidade...
mas é que fico tão triste
de ver uma comunidade
estar assim com rinite,
asma, atchins e bronquite,
olho ardido, buzinite,
rouquidão e tremelique.
Pontes rachadas? Trambique...
[...]

Cláudia F. Pacce. *Varre, vento!* São Paulo: Quinteto Editorial, 1998. p. 4.

Atividades

1. Com a ajuda do professor, pesquise em um dicionário o significado da palavra "cosmopolita", escreva-o a seguir e conversem a respeito.

_____

_____

2. Pinte o quadrinho da frase que melhor representa o que a autora do poema quis dizer.

a) ☐ A cidade proporciona uma vida saudável a seus moradores.

b) ☐ A cidade está bem conservada.

c) ☐ A cidade está poluída e malcuidada.

3 Marque um **X** no quadrinho da imagem que melhor representa o ambiente descrito no poema.

a)

b)

4 De acordo com o poema, qual é o principal problema dessa cidade?

5 Faça a correspondência entre as colunas.

a) poluição do ar ●   ● Sensação visual desagradável causada pelo excesso de informações ou luminosidade de letreiros, cartazes e propagandas.

b) poluição sonora ●   ● Causada por fumaça e gases tóxicos emitidos por veículos e fábricas.

c) poluição visual ●   ● Som alto originado pelo trabalho de máquinas, motores de veículos e buzinas.

Cidade bem administrada

[...]
Mas se as coisas melhorarem,
e os políticos funcionarem,
crianças de hoje serão
verdadeiros cidadãos...
tendo rios bem tratados,
saúde, educação,
trânsito desafogado.
Justiça justa, é não?
[...]

Cláudia F. Pacce. *Varre, vento!* São Paulo: Quinteto Editorial, 1998. p. 18.

Atividades

1 O poema traz a expressão "trânsito desafogado". Converse com os colegas e o professor sobre essa expressão e faça um desenho para representá-la.

2 Copie trechos do poema que mostram que a cidade em questão é bem administrada.

_____

_____

3 Como é possível evitar a poluição dos rios?

_____

_____

4 Em seu município, existem locais destinados ao lazer? Quais?

_____

_____

5 Ainda com relação a seu município, responda às questões a seguir.
a) Você o considera bem administrado? Justifique.

_____

_____

b) Se você fosse o administrador dele, em quais aspectos você trabalharia para melhorá-lo?

_____

_____

6 Pinte os quadrinhos das alternativas que mostram os benefícios de plantarmos árvores na cidade.

a) ☐ Fornecem sombra.

b) ☐ Poluem o ambiente.

c) ☐ Fornecem alimento.

d) ☐ Diminuem a erosão do solo.

e) ☐ Algumas fornecem madeira.

f) ☐ Refrescam o ambiente.

g) ☐ Previnem o alagamento do solo.

h) ☐ Servem de moradia para animais.

O campo

O ambiente rural caracteriza-se pela predominância de elementos naturais, diferentemente das paisagens urbanas, onde predominam elementos culturais.

Atividades

1 Marque um **X** nas imagens que retratam paisagens típicas do ambiente rural.

a) AFNR/Shutterstock

c) João Prudente/Pulsar Imagens

e) AFNR/Shutterstock

b) Rubens Chaves/Pulsar Imagens

d) Ana Araújo/Portal da Copa/ME

f) pidjoe/iStockphoto.com

2 Organize as letras e descubra outro nome dado à paisagem do campo. Escreva-o no espaço indicado.

L U R R A

paisagem _____

3 Encontre no diagrama alguns nomes dados às pequenas proprie-dades rurais.

H	W	T	D	M	V	Á	I	E
C	H	Á	C	A	R	A	S	S
Y	U	I	R	S	O	H	X	L
R	U	S	Í	T	I	O	S	V
M	G	R	A	N	J	A	S	B
X	U	A	P	Q	N	E	Í	A

4 Faça a correspondência entre as palavras e suas respectivas definições.

a) minifúndios ⬚ Propriedade rural onde são criadas aves.

b) latifúndios ⬚ Cultivo de um único produto agrícola.

c) exportação ⬚ Pequenas propriedades rurais.

d) granja ⬚ Grandes propriedades rurais.

e) monocultura ⬚ Venda de produto para outros países.

5 Observe a imagem e escreva qual é o tipo de propriedade rural que ela retrata.

_____

rodho/Shutterstock

O trabalho no campo

As atividades do campo têm predominância de atividades primárias como a agricultura, a pecuária e o extrativismo.

Agricultura.

Pecuária.

Extrativismo.

Atividades

1 Escreva o nome dado às atividades a seguir.

a) Criação de animais: _____.

b) Extração e coleta de produtos de origem natural: _____.

c) Produção de plantação por meio do cultivo do solo: _____.

2 Sublinhe as condições necessárias para que uma atividade agrícola se desenvolva bem.

a) Solo fértil.

b) Solo pobre em nutrientes.

c) Água.

d) Solo encharcado.

e) Clima propício.

f) Solo arenoso.

3 Escreva o nome de três produtos agrícolas que você consome.

_____

4 Pinte apenas os produtos que têm origem na atividade agrícola e escreva o nome deles.

a) _____   c) _____   e) _____

b) _____   d) _____   f) _____

5 Organize as sílabas a seguir e escreva o nome do produto agrícola encontrado. Depois, indique se ele é cultivado na horta ou no pomar.

| CE | LA | RO | A |

| NO | PI | PE |

| BÓ | RA | A | BO |

a) _____

c) _____

e) _____

_____

_____

_____

| NA | RI | GE | TAN |

| MEN | PI | TÃO |

| A | CI | LAN | ME |

b) _____

d) _____

f) _____

_____

_____

_____

Mais atividades do campo

Mauricio de Sousa. *Almanaque do Chico Bento*. n. 35. São Paulo: Panini, 2012. p. 84.

A pecuária é desenvolvida em áreas rurais e está voltada à criação de animais com o intuito de comercializar os produtos por eles produzidos.

Atividades

1 Leia a tirinha acima e escreva o nome da atividade rural relacionada ao produto que Chico Bento coletou.

_____

2 Utilize as palavras do quadro para completar as frases com a denominação correta para cada tipo de criação animal.

piscicultura	suinocultura	ovinocultura	caprinocultura
bovinocultura	sericultura	avicultura	apicultura

a) A criação de cabras e bodes recebe o nome de _____.

b) _____ é a criação de aves.

c) Os bois e as vacas fornecem carne, leite e couro. Essa criação recebe o nome de _____.

d) O mel, a cera e o própolis são produzidos pelas abelhas e esse tipo de criação recebe o nome de _____.

e) A criação de porcos tem o nome de _____.

f) _____ é a criação de peixes.

g) A criação de bicho-da-seda recebe o nome de _____. Essa larva fornece fios para a confecção de tecidos.

h) A lã é fornecida por ovelhas e carneiros. Sua criação recebe o nome de _____.

3 Escreva a letra inicial do nome de cada figura e descubra a atividade retratada na fotografia. Depois, complete a informação que está ao lado da imagem.

■ _____ é o ato de cortar ou aparar a lã que cobre o corpo de ovelhas e carneiros.

4 Ligue o tipo de extrativismo aos produtos dele originados.

a) extrativismo animal ●   ● Peixes, mariscos, leite.

b) extrativismo vegetal ●   ● Sal, ouro, ferro.

c) extrativismo mineral ●   ● Látex, frutas, verduras.

5 Pesquise o nome da árvore da qual é extraído o látex e escreva-o.

_____

_____

As inovações na vida do campo

As atividades rurais agrícolas e pecuárias são muito importantes para todo o país, porém, se forem realizadas de forma inadequada, podem gerar prejuízos ambientais e sociais.

No Brasil, nos últimos anos, a produtividade vem aumentando principalmente na agricultura familiar, que passou a utilizar máquinas e equipamentos modernos.

Colheitadeira recolhendo algodão em Chapadão do Sul, MS.

Produção de leite no Campo Experimental Santa Mônica – Embrapa em Valença, RJ.

Atividades

1 Faça a correspondência entre as colunas.

1 drenagem (escoamento da água)

2 irrigação

3 adubação

4 vacina

5 ração melhorada

☐ Indicada para fazer com que o gado, por exemplo, engorde mais rápido.

☐ Indicada para solo muito úmido.

☐ Indicada para área com chuvas irregulares ou escassas.

☐ Indicada para proteger o gado de doenças.

☐ Indicada para solo pobre em nutrientes.

Alguns cuidados são necessários para que a ação humana não agrida a qualidade do solo, da água e do ar, comprometendo, assim, o cultivo, a criação de animais e o extrativismo a longo prazo.

2 Sublinhe as informações corretas sobre os cuidados com o solo.

a) A queimada é uma prática que traz benefícios ao solo.

b) Deve-se evitar o uso de agrotóxicos, pois, ao combater as pragas e os insetos, o solo, os alimentos cultivados nele e as pessoas que os consomem são contaminados com substâncias químicas.

c) O desmatamento destrói plantas nativas, o hábitat de animais e deixa o solo desprotegido, sujeito à erosão.

d) As escavações no solo e a contaminação dos rios causada pelo uso do mercúrio na extração de minérios são boas para o meio ambiente.

e) O plantio de um único produto empobrece o solo.

f) Erosão é o desgaste do solo pela ação do vento e da água.

3 Marque um **X** nas imagens que apresentam inovações tecnológicas no campo.

A relação entre campo e cidade

Os produtos do campo são importantes tanto para o campo quanto para a cidade, assim como os produtos e serviços da cidade são importantes para o campo. O campo e a cidade se complementam.

Atividades

1 Escreva o que se pede a seguir.

a) O nome de três produtos oriundos do campo.

_____

b) O nome de três produtos industrializados.

_____

c) O nome da atividade que consiste na troca, venda ou compra de produtos.

_____

2 Marque um **X** na opção correta.

■ A migração de pessoas do campo para a cidade é chamada de:

extração mineral   êxodo rural

Os serviços públicos de um município são de responsabilidade de seus governantes e são pagos com o dinheiro da população por meio da arrecadação de taxas e impostos.

3 Pesquise e escreva em seu caderno:

a) o nome de três serviços municipais que existem no município onde você mora;

b) dois serviços públicos pagos mensalmente.

Onde fica seu município?

O Brasil é o país onde, vivemos. Ele é dividido em estados que, por sua vez, são divididos em municípios.

Brasil: político

Fonte: *Atlas geográfico escolar*. Rio de Janeiro: IBGE, 2012. p. 90.

Minas Gerais: político

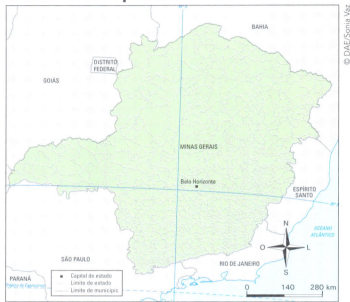

Fonte: IBGE Cidades. Disponível em: <www.ibge.gov.br/cidadesat>. Acesso em: jul. 2015.

Atividades

1 Pinte, no mapa do Brasil abaixo, o estado em que está localizado o município onde você vive.

Brasil: estados

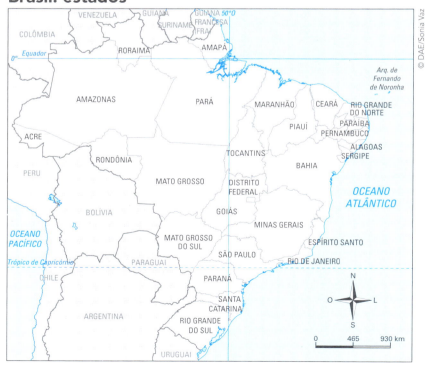

Fonte: *Atlas geográfico escolar*. Rio de Janeiro: IBGE, 2012. p. 90.

Sistema Solar

Vivemos no planeta Terra. Ele está situado no Sistema Solar.

GSFC/NOAA/USGS/Nasa

Atividades

1 Encontre no diagrama as palavras que completam as frases. Atenção: cada palavra deve ser usada apenas uma vez!

a) Todo corpo que existe no espaço: _____.

b) Satélite natural da Terra: _____.

c) Astros que não têm luz própria e giram em torno de estrelas: _____.

d) Nome do conjunto de planetas que giram em torno do Sol: _____.

e) Astros que têm luz própria: _____.

f) Planeta que habitamos: _____.

g) Estrela que fornece luz e calor ao planeta Terra: _____.

h) Astro que gira em torno de um planeta: _____.

I	A	J	M	H	K	P	L	A	N	E	T	A	S	T
O	V	I	S	A	T	É	L	I	T	E	G	J	Y	E
S	I	S	T	E	M	A	S	O	L	A	R	V	L	R
O	O	P	E	S	T	R	E	L	A	S	F	L	U	R
L	L	V	A	S	T	R	O	I	X	Z	M	U	A	A

2 Leia o nome dos planetas a seguir e ligue cada um à sua representação na imagem do Sistema Solar.

Mercúrio   Vênus   Terra   Júpiter

Marte   Saturno   Urano   Netuno

3 Complete as frases.

a) Ao se movimentar ao redor do _____, a Terra faz dois movimentos ao mesmo tempo.

b) _____ é o movimento que a Terra faz em torno do seu próprio eixo, ou seja, ao redor de si mesma.

c) O movimento de _____ ocorre quando a Terra gira em torno do Sol.

d) O movimento de _____ dura aproximadamente _____ e dá origem ao dia e à noite.

e) O movimento de _____ dura aproximadamente _____ dias, ou um ano, e dá origem _____.

4 Faça uma pesquisa sobre a data de início de cada estação no ano vigente e escreva-a.

_____

_____

5 Qual é a estação do ano de que você mais gosta? Por quê?

_____

Elementos que permitem a vida na Terra: o Sol e o ar

Entre os planetas do Sistema Solar, a Terra é o único que apresenta condições de vida na forma que conhecemos.

Atividades

1 Assinale um **X** nas opções corretas.

a) Quais são as condições que possibilitam a vida no planeta Terra?

☐ Forma arredondada. ☐ Temperatura adequada.

☐ Ar. ☐ Água. ☐ Solo.

b) Quais são os fatores que contribuem para que a temperatura da Terra seja adequada à existência do tipo de vida que encontramos aqui?

☐ Tamanho. ☐ Posição da Terra em relação ao Sol.

☐ Atmosfera. ☐ Grande quantidade de água.

2 Desenhe o planeta Terra no Sistema Solar na posição que ele ocupa com relação ao elemento que lhe transmite luz. Depois, escreva o nome de todos os astros desenhados.

3 Ligue cada palavra ao significado que melhor a define.

a) atmosfera ●   ● Camada de gases que envolve a Terra.

b) ar poluído ●   ● Gases que compõem o ar.

c) oxigênio e gás ● carbônico   ● Apresenta gases tóxicos e fumaça.

4 Qual é o gás essencial para a respiração de muitos seres vivos no planeta Terra?

_____

5 Leia cada informação a seguir e escreva se ela está relacionada ao planeta Terra, à atmosfera ou ao Sol.

a) Não se percebe a sua existência, porém estamos envolvidos por ela: _____.

b) Emite energia em forma de raios luminosos: _____.

c) Sua superfície sofre ações de fenômenos naturais, como erupções vulcânicas e terremotos: _____.

d) Atua como um regulador de temperatura, amenizando o calor durante o dia e retendo o calor durante a noite: _____.

e) Principal fonte de luz e calor: _____.

f) Protege-nos filtrando o excesso de raios solares, evitando, assim, que nossa pele queime: _____.

g) Protege o planeta desintegrando os meteoritos que caem do espaço. Apenas meteoritos muito grandes podem atravessá-la sem serem totalmente destruídos: _____.

6 Recorte imagens de diferentes tipos de seres vivos que habitam nosso planeta e cole-as aqui.

Elementos que permitem a vida na Terra: o solo e a água

Vivemos na superfície terrestre. A maior parte do solo da Terra é coberta por água.

Atividades

1 Marque um **X** nas frases que definem corretamente a palavra solo.

a) ☐ É a camada da superfície terrestre na qual nascem e crescem plantas, onde pessoas e animais vivem, onde se constroem casas, estradas, viadutos etc.

b) ☐ É o ar poluído.

c) ☐ É a parte do planeta que chamamos de terra ou chão.

d) ☐ É a parte do planeta que sustenta a maioria das plantas, fixando-as e fornecendo-lhes nutrientes.

e) ☐ É moradia de muitos animais, como minhocas, insetos etc.

O solo deve ser bem cuidado para que tenha sempre a capacidade de ser produtivo.

2 Complete as informações usando as palavras do quadro.

degradação – erosão – desmatamento

a) A _____ é o desgaste do solo pela ação do vento, da água corrente e de outros agentes.

b) _____ é a remoção da vegetação de uma área, o que causa alterações na região.

c) A _____ do solo é causada pelo lixo, por queimadas e desmatamentos.

> A água também está presente no corpo dos seres vivos.

3 Escreva no caderno as informações solicitadas.

a) Três utilidades da água para o ser humano.

b) Duas maneiras de preservar a água.

c) Os estados físicos em que a água pode ser encontrada na natureza.

4 Leia este trecho de história em quadrinhos e descubra onde os personagens estão.

Esta água vem de uma represa bem próxima daqui, mas ela chega sem qualidade para ser consumida pelas pessoas.

No início do processo, a água passa por grades de contenção para que lixos e detritos maiores sejam retirados.

Em seguida, a água é misturada a sulfato de alumínio para que a sujeira se coagule e possa ser retirada com mais facilidade.

5 O que pode ser feito quando precisamos consumir água em locais onde ela não é tratada adequadamente?

Os animais

Onde vivem e de que se alimentam

A Terra é habitada por uma grande variedade de animais – seres vivos que se relacionam entre si nos diversos ambientes onde vivem.

Os animais não são autossuficientes, porque não produzem o próprio alimento; ou seja, eles precisam se alimentar de outros seres vivos.

Atividades

1 Explique por que podemos afirmar que os animais são seres vivos.

_____

2 Siga a linha para formar uma palavra. Comece pela letra **H**. Depois, complete a frase com ela.

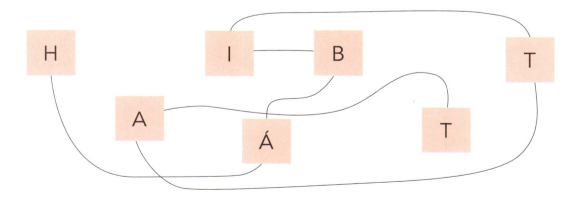

- _____ é o local em que o ser vivo habita e encontra condições adequadas para sobreviver.

3 Complete a tabela com nomes de animais de acordo com as indicações.

Animais terrestres (vivem na terra)	Animais aquáticos (vivem na água)	Anfíbios (passam parte da vida na terra e parte na água)

4 Relacione as classificações dos animais com os respectivos hábitos alimentares.

a) animais carnívoros

b) animais herbívoros

c) animais onívoros

☐ Alimentam-se de vegetais.

☐ Alimentam-se tanto de carne como de vegetais.

☐ Alimentam-se de carne.

5 Classifique os animais a seguir quanto aos hábitos alimentares.

Elena Titarenco/Dreamstime.com

a) _____

Tsekhmister/iStockphoto.com

c) _____

Anan Kaewkhammul/Shutterstock

e) _____

Robert Eastman/Shutterstock

b) _____

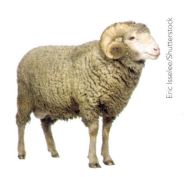
Eric Isselee/Shutterstock

d) _____

Soleg/iStockphoto.com

f) _____

NOME: _____ DATA: _____

Animais domesticados e animais silvestres

Os animais domesticados podem conviver com os seres humanos em uma relação de benefício mútuo. Já os animais silvestres vivem em seu hábitat natural, como florestas, savanas, oceanos etc.

Krilt/iStockphoto.com

Photographerlondon/Dreamstime.com

AppStock/Shutterstock

Robert Hardholt/Dreamstime.com

Atividades

1 Encontre no diagrama as palavras que completam corretamente as frases.

D	O	M	E	S	T	I	C	A	D	O	S
G	A	T	O	Ç	M	I	A	R	T	D	Y
W	E	S	I	L	V	E	S	T	R	E	S
G	S	W	T	A	R	R	A	R	A	R	A

a) Os animais _____ vivem livremente em seus ambientes naturais, onde encontram tudo de que precisam para viver e se reproduzir.

b) Os animais que convivem com os seres humanos são chamados de _____.

c) O _____ é um exemplo de animal domesticado.

d) A _____ é um exemplo de animal silvestre.

2 Pinte os animais domesticados e circule os animais silvestres.

3 Assinale um **X** nos quadrinhos dos cuidados que devemos ter com os animais de estimação.

a) ☐ Dar a eles atenção e carinho.

d) ☐ Maltratá-los.

b) ☐ Alimentá-los adequadamente.

e) ☐ Vaciná-los.

c) ☐ Levá-los ao veterinário.

f) ☐ Cuidar da higiene deles.

4 Escreva **V** para a informação verdadeira e **F** para a informação falsa.

a) ☐ Os animais se reproduzem de diferentes formas.

b) ☐ Ovíparos são animais que se formam e se desenvolvem no corpo da mãe.

c) ☐ Vivíparos são animais que se formam e se desenvolvem dentro do corpo da mãe.

d) ☐ Boi, carneiro, girafa e gato são animais vivíparos.

e) ☐ Galinha, pato, coruja e cobra são animais ovíparos.

f) ☐ Animais ovovivíparos são aqueles cujos ovos permanecem dentro do corpo da mãe até que os filhotes estejam prontos para nascer.

Animais vertebrados

São denominados **vertebrados** os animais que têm coluna vertebral.

Vamos ler

Estica, puxa e se transforma!

Achamos que os girinos eram organismos muito curiosos, principalmente pelas mudanças que ocorrem em seu corpo. Ao nascerem apresentam apenas cabeça e cauda. Depois, desenvolvem as patas de trás. Quando surgem as patas da frente, passam a se chamar imagos. Por fim, quando perdem a cauda e atingem o estágio adulto é que se transformam em rãs. [...]

Mônica de Castro Britto Vilardo. In: *Revista Ciências Hoje das Crianças*, Rio de Janeiro, ano 24, n. 224, p. 13, 2011.

Atividades

1 Como são classificados os animais vertebrados? Encontre o nome dos cinco grupos no diagrama a seguir.

K	M	A	M	Í	F	E	R	O	S	A	O	P
A	A	D	S	I	O	T	R	H	H	Ç	Ã	E
V	X	R	É	P	T	E	I	S	M	S	G	I
E	A	S	U	A	R	X	U	P	E	Z	A	X
S	Z	P	G	M	E	F	U	A	J	E	X	E
M	G	R	P	S	A	N	F	Í	B	I	O	S

2 Que nome se dá ao processo de transformação do animal citado no texto?

_____

3 Você conhece outro animal que também passa por esse processo? Qual?

_____

4 Escreva o nome de quatro animais vertebrados.

_____

5 Leia as características dos grupos de animais e complete as fichas com a classificação de cada um e um exemplo de animal que faça parte desse grupo.

Classificação:	Classificação:
Animal:	Animal:
Vertebrados.	Vertebrados.
Corpo coberto de pelos.	Corpo coberto de escamas.
Mamam quando filhotes.	Nadam.
Vivíparos.	Normalmente respiram por brânquias.
Terrestres.	Ovíparos.
Respiram por meio dos pulmões.	Aquáticos.

Classificação:	Classificação:
Animal:	Animal:
Vertebrados.	Vertebrados.
Corpo coberto de pele lisa e úmida.	Corpo coberto de penas.
Geralmente saltam, pulam.	Têm bico.
Ovíparos.	A maioria voa.
Passam parte da vida na terra e parte na água.	Ovíparos.
	Respiram por meio dos pulmões.

Classificação:	Classificação:
Animal:	Animal:
Vertebrados.	Vertebrados.
Corpo coberto de placas, escamas ou carapaça.	Corpo coberto de pelos.
Rastejam ou andam.	Voam.
Respiram por meio dos pulmões.	Mamam quando filhotes.
A maioria é ovípara.	Vivíparos.
Alguns vivem na água, outros na terra.	Terrestres, vive em cavernas ou árvores.

NOME: _____ DATA: _____

Animais invertebrados

São denominados invertebrados os animais que não têm coluna vertebral.

lukko/Shutterstock

Brendan Hunter/iStockphoto.com

Andrey Pavlov/Dreamstime.com

Per-Andre Hoffmann/Look-foto/Latinstock

Atividades

1 Faça a correspondência entre as colunas.

A invertebrados aquáticos	☐ formiga, aranha, centopeia, minhoca
T invertebrados terrestres	☐ besouro, abelha, mosquito, gafanhoto
V invertebrados que voam	☐ esponja, polvo, camarão, estrela-do-mar

2 Marque um **X** na opção correta.

a) As anêmonas-do-mar e as águas-vivas têm tentáculos, que são:

☐ estruturas longas e móveis usadas na captura de alimentos e também como defesa.

☐ estruturas longas e imóveis que não têm utilidade a esses animais.

b) Características do corpo de uma água-viva:

☐ mole e de cores variadas.

☐ gelatinoso, transparente, sendo constituído em grande parte por água.

c) Principal característica dos vermes e moluscos:

☐ corpo articulado.   ☐ corpo mole.

d) Verme que tem corpo dividido em anéis e vive na terra:

☐ lombriga. ☐ minhoca.

> Algumas espécies de animais invertebrados se fixam em outro ser, incluindo o ser humano, e dele obtêm alimento, podendo lhe causar dano. Podem viver dentro do corpo do hospedeiro ou sobre ele.

3 Circule os invertebrados parasitas.

piolho   lombriga   estrela-do-mar   carrapato

4 Ligue os tipos de molusco a seus exemplos.

Molusco que tem concha.

Molusco que não tem concha.

• lesma
• ostra
• caramujo
• caracol
• polvo
• lula

5 Marque um **X** nos animais invertebrados.

☐ ☐ ☐ ☐

6 Pinte o quadrinho das alternativas que apresentam características dos artrópodes.

a) ☐ Têm pernas articuladas ao corpo e podem ter asas e antenas.

b) ☐ Têm corpo mole.

c) ☐ A maioria tem um exoesqueleto que envolve e protege o corpo.

As plantas

As plantas são seres vivos. Elas se desenvolvem em ambientes variados e são capazes de produzir o próprio alimento, retirando do meio os nutrientes necessários para o seu desenvolvimento.

Atividades

1 Faça a correspondência entre as colunas.

a) plantas terrestres ⬜ Plantas que vivem sobre outras plantas ou rochas.

b) plantas aquáticas ⬜ Plantas que vivem fixas no solo.

c) plantas aéreas ⬜ Plantas que vivem na água.

2 Pesquise e escreva a seguir exemplos dos tipos de planta indicados.

aquáticas	aéreas	terrestres

3 Pinte apenas os quadros que apresentam o nome de partes que podem formar uma planta completa.

raiz	tentáculo	flor	caule
coluna vertebral	folha	semente	fruto

4 Escreva o nome da parte da planta que realiza a função apresentada.

a) Origina uma nova planta: _____.

b) Responsável pela reprodução: _____.

c) Responsável pelos processos de fotossíntese, transpiração e respiração: _____.

d) Protege a semente: _____.

e) Fixa a planta no solo e dele retira água e nutrientes: _____.

5 Complete as frases usando as palavras do quadro.

> pedúnculo – sépala – pétalas – parte feminina – parte masculina

a) O _____ é a parte que prende a flor ao caule.

b) A _____ da flor recebe os grãos do pólen.

c) A _____ da flor se parece com as folhas e geralmente
tem a cor verde.

d) A _____ da flor produz os grãos de pólen.

e) As _____ da flor costumam ser coloridas para atrair
os animais polinizadores.

6 Qual é o nome do processo em que a planta produz seu alimento?

_____

7 Observe as imagens e escreva o nome do tipo de processo de reprodução da planta.

isak55/Shutterstock

DebbiSmirnoff/iStockphoto.com

_____   _____

O corpo humano

Após a concepção, quando começa a se desenvolver dentro do útero, o corpo humano passa por muitas etapas.

Mauricio de Sousa. *Almanaque do Cascão*, São Paulo: Panini, n. 34, p. 24, 2012.

Atividades

1 Numere as imagens em ordem cronológica e escreva o nome de cada etapa. Use as palavras do quadro.

> fase adulta – infância – adolescência – pré-natal

2 Encontre no diagrama as palavras que completam as frases.

N	A	E	S	Q	U	E	L	E	T	O	F	T	M	N
H	A	K	V	J	U	I	O	M	S	C	I	C	Ú	R
P	L	M	E	M	U	R	Z	S	X	M	T	Z	S	N
E	D	S	E	T	J	E	C	A	D	A	Y	M	C	H
L	F	X	R	C	U	G	A	Ç	Ã	O	O	B	U	C
E	Ç	V	E	R	T	E	B	R	A	L	N	K	L	N
G	C	O	Ã	Ç	A	N	I	T	A	P	P	E	O	H
A	R	T	I	C	U	L	A	Ç	Ã	O	O	I	S	O

a) O corpo humano é revestido de _____.

b) _____ é o nome dado ao encontro de dois ou mais ossos.

c) O ser humano tem coluna _____, que é o principal apoio ósseo do esqueleto.

d) O _____ e os _____ sustentam o corpo humano.

3 Observe as imagens e identifique-as conforme a legenda.

A sistema muscular   **B** esqueleto

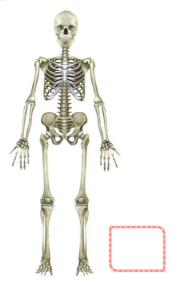

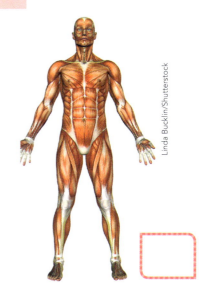

Linda Bucklin/Shutterstock

4 Você sabe quantos ossos aproximadamente o corpo humano adulto tem? Pesquise e escreva no caderno.

NOME: _____ DATA: _____

Cuidados com a saúde e o ambiente

Estes recipientes podem acumular água!

Vamos jogá-los no lixo para combater o mosquito da dengue.

As lixeiras estão ali!

VIDRO   PLÁSTICO   METAL   PAPEL

Atividades

1 Escreva quatro hábitos saudáveis que você adota para ter mais saúde e disposição.

_____

_____

_____

_____

_____

2 Leia as dicas e complete a tabela.

Verminose	Cuidado para evitar que os vermes se alojem em nosso corpo
_____	Comer carne bem cozida.
_____	Lavar bem frutas e verduras, e beber água tratada.
_____	Não andar descalço em água suja, que pode estar contaminada.

3 Marque um **X** nos cuidados que devemos adotar para evitar a reprodução do mosquito da dengue.

a) ☐ Não deixar água parada em recipientes sem tampa no quintal.

b) ☐ Colocar areia nos pratos de vasos ou deixá-los secos.

c) ☐ Deixar recipientes abertos no quintal.

d) ☐ Tratar a água das piscinas com cloro.

e) ☐ Evitar acumular água em baldes, vasilhas, pneus etc.

4 Classifique cada informação como **certa** ou **errada**.

a) Em caso de acidente com algum animal perigoso, deve-se procurar ajuda médica. _____

b) Os primeiros socorros caseiros são sempre eficazes em casos de acidentes com animais. _____

5 Observe as imagens e circule os animais que podem ser venenosos.

6 Pesquise as informações solicitadas a seguir e escreva-as.

a) Duas plantas medicinais.

_____

b) Duas plantas perigosas para os seres humanos.

_____

c) O significado da palavra **extinção**.

_____

d) Um animal brasileiro em extinção.

_____